诡智一本经

素书

东篱子◎编著

中国华侨出版社
·北京·

图书在版编目 (CIP) 数据

诡智一本经：素书 / 东篱子编著 . —北京：中国华侨出版社，
2010.11（2024.11 重印）

ISBN 978-7-5113-0783-5

Ⅰ . ①诡… Ⅱ . ①东… Ⅲ . ①个人—修养—中国—古代 ②素书—通俗读物
Ⅳ . ① B825-49

中国版本图书馆 CIP 数据核字（2010）第 00515 号

诡智一本经：素书

编　著：东篱子
责任编辑：刘晓燕
封面设计：周　飞
经　销：新华书店
开　本：710 mm×1000 mm　1/16 开　　印张：12　　字数：130 千字
印　刷：三河市富华印刷包装有限公司
版　次：2010 年 12 月第 1 版
印　次：2024 年 11 月第 2 次印刷
书　号：ISBN 978-7-5113-0783-5
定　价：49.80 元

中国华侨出版社　北京市朝阳区西坝河东里 77 号楼底商 5 号　邮编：100028
发 行 部：（010）64443051　　　传　真：（010）64439708

如果发现印装质量问题，影响阅读，请与印刷厂联系调换。

前 言

　　一本书的智慧改变了一个人一生的命运，这个人的一生又影响了整个中华民族封建历史的进程。

　　这本书就是《素书》。《素书》的作者黄石公，是一位秦时的世外高人，他传给张良的这本书，词语虽然简略，但含义却很深邃，即使尧、舜、禹、文王、傅说、周公、孔子、老子也不一定能超过他。他知道秦朝就要灭亡，汉朝即将兴起，因此把《素书》传给了张良，让他替天行道，帮助刘邦灭秦兴汉。

　　张良是战国时期的韩国人。秦始皇为一统天下而灭韩，张良为报灭国之仇，于公元前 218 年组织一干人马密谋刺杀秦始皇。但由于计划不周仓促行事，整个行动最后以失败而告终。秦始皇毫发无损，张良却被迫远走他乡亡命天涯。

　　通过这件事，我们可以给年轻的张良大致地勾勒出性格的轮廓：血气方刚、做事冲动、有勇无谋。显而易见，以他此时的品性和做事能力，很难成就一番真正的伟业。

　　转机就在张良沦落到一个叫下邳的地方时出现了。具体的过程到现在已经无从考证了，我们只知道当时的张良在一个极具戏剧性的场合遇到了一个老人。经过了种种苛刻的考验，老人认定张良"孺子可教矣"，遂收其为徒，将一卷帛书交予其手，并另行交代：读此书者可为帝王者师，十三年后你再到济北的谷城山下找我（"读是则为王者师，后十年兴，十三年孺子见我与济北谷城山下"）。这本书正是《素书》。

此后，老人虽再不曾出现过，但《素书》中博大精深而又极具实用价值的智慧却彻底地改变了张良的命运。熟读《素书》后的张良，由一介莽夫成长为一个精通进退方圆之道和运筹帷幄之法的谋略大师。在得到刘邦的赏识重用之后，他把《素书》中的智慧灵活地运用于攻城略地安邦治国的实践中。"夫运筹帷幄之中，决胜千里之外，吾不如张良"，刘邦深知，自己之所以能推翻不可一世的秦王朝，打败楚霸王项羽，开创这大汉盛世，张良绝对功不可没。

更为值得一提的是，也是受《素书》的影响，在功成名就之后，张良急流勇退，从而避免了如韩信、彭越、英布等一干功臣那样被卸磨杀驴的下场，使得自己的一生得以保全。

在张良得到《素书》的十三年后，他如约到济北谷城山下拜访恩师，但是那个神秘的老人不知何故一直没有出现。为了聊表报答之恩，张良从路边捡了一块黄石作为恩师的化身供奉在家。《素书》的作者"黄石公"便由此而来，其真实的姓名世间已无人知晓。

黄石公的《素书》并不是什么浩渺巨著，其内容共分六章，共计 1360字而已。这短短的 1360 字可谓字字珠玑，句句经典，尤其对复杂的人性把握得可谓入木三分，对世间万事万物的本质和发展规律观察得细致入微。

《素书》中的内容不仅包含治国安邦大谋略，更有修身处事、为人之道的"小智慧"，每一句箴言都是切中要点，一针见血，读来如醍醐灌顶、豁

然顿悟，其对人生的指导意义不言而喻，值得我们每个人读上一读。

只可惜，历史记住了张良，记住了刘邦，记住了大汉王朝，却把《素书》忘在了脑后，以至于在张良死后的几百年人们都不知《素书》为何物，几乎失传而绝于人世。

如今，我们将《素书》精妙加工提炼，编撰了这本《诡智一本经：素书》。我们在《素书》原文的基础上，加上了详细的阐释，以利于读者更全面的认识和理解。

张良只用了《素书》中的些许智慧，就推翻了秦王朝，打败了项羽，辅佐刘邦统一了天下。可见本书价值之大。今天，你如果能领会《诡智一本经：素书》中的精华奥义，进而有所发挥，灵活运用，必将会对开拓未来美好的人生有着极大的帮助。

目 录

第一章　原始
——立身成名的根本问题

第二章　正道

——最有效的人生韬略

第三章　求人之志

——有大志者成大器

第四章　本德宗道

——懂得权变与操控

第五章　遵义

——用错方法会陷自己于被动境地

第六章 安礼
——顺应世理才能做成事

第一章

原始

——立身成名的根本问题

　　一个人立身成名的根本是什么？黄石公的答案是：天道、德行、仁爱、正义和礼制。这五个方面既是为人处世的落脚点，更包含着立身成名的大道理。

构建人生格局的五种思想

 原典

夫道、德、仁、义、礼，五者一体也。

原典 译文

道、德、仁、义、礼这五种思想是浑然一体、缺一不可的。

黄石公是与鬼谷子齐名的谋略家，《素书》是一部权谋的经典著作，但本书开篇讲的却是似乎与谋略无关的仁义道德。这是因为在黄石公眼里，道、德、仁、义、礼是统摄一切权谋的纲领，是最高境界的谋略。

现在一讲到道德、仁义、礼节、信用，有人常常嗤之以鼻：靠这些陈词滥调能成事吗？成功需要的是勇气、智谋和机会，看看那些功成名就的人，我们并没完全见到所谓"道、德、仁、义、礼"的力量。

这些人的看法反映了现代社会的一种浮躁心态：急于求成，为此不惜弃道德的约束于不顾。但显然这是一种浅见，是缺乏做人修养的

表现，因为大凡这种人，不论曾经拥有多么耀眼的光环，也注定只是过眼云烟。

在我国传统思想中，道、德、仁、义、礼是一个互相依存、互相作用的体系，应该系统地去认识。老子说，失道而后德，失德而后仁，失仁而后义，失义而后礼，说的就是这个意思。

道、德、仁、义、礼是古人日常修养的五个具体标准，历史上许多在政治、军事、人文等领域卓有建树的人物，正是依靠对这五个方面的严格要求和自我修炼，而达到令人仰视的高度，从而彪炳史册。

孔子的学生曾子说："吾日三省吾身——为人谋而不忠乎？与朋友交而不信乎？传不习乎？"意思是："我每天多次自我反省：替别人办事是否尽心竭力了呢？同朋友往来是否诚实呢？老师传授我的学业是否复习了呢？"曾子学习勤奋，很快便有所成就。为养活父母，曾子曾经在莒地为官，而后他又收徒讲学。据《孟子》记载，他的弟子有七十多人，著名的军事家吴起就是他的学生。

我们在这里要探讨的不是曾子自省的内容：为人谋是否忠，与朋友交是否信，老师传授的知识是否已掌握，而是探讨其"一日三省吾身"的自省精神。追求外在成功也罢，精神为外物所累也罢，无论何时自省精神显得尤为难能可贵。

"一日三省吾身"，这句话所体现出来的自律精神，是每一个有志于做有"档次"的人，并成就一番事业者所必须学习的。做不到这一点，"道、德、仁、义、礼"也就无从谈起。

明代的张瀚在《松窗梦语》中有这样一段记录：

张瀚初任御史的时候，有一次，他去参见都台长官王廷相，王廷相就给张瀚讲了一则乘轿见闻。说他某一天乘轿进城办事时，不巧遇上了雨。而其中有一个轿夫刚好穿了双新鞋，他开始时小心翼翼地循着干净的路面走，后来轿夫一不小心，踩进泥水坑里，此后他就再也不顾惜自己的鞋了。王廷相最后总结说："处世立身的道理，也是一样的啊。只要你一不小心，犯了错误，那么以后你就再也不会有所顾忌了。所以，常常检点约束自己，是一个人必修的功课。"张瀚听了这些话，十分佩服王廷相的高论，终身不敢忘记。

这个历史故事告诉我们，人一旦"踩进泥水坑"，心里往往就放松了戒备。反正"鞋已经脏了"，一次是脏，两次也是脏，于是便有了惯性，从此便"不复顾惜"了。有些人，起先在工作中兢兢业业，廉洁奉公，偶然一不小心踩进"泥坑"，经不住灯红酒绿的诱惑，便从此放弃了自己的操守。这都是因为不能事先防范而造成的恶果。

不慎而始，而祸其终，这道理谁都明白，但要做到一直"不湿"，似乎也很难。一些人为达到不可告人的目的，会设置种种陷阱，包括利用"糖衣炮弹"来百般诱惑，让你"湿鞋"。

世界充满了诱惑，有时候，仅仅依靠人自身的意志作抵抗是不够的。由于"病毒"的无孔不入，所以必须经常性地给自己打"预防针"，并且应随着"病毒"的升级而更新换代。其实，大多数人缺少的也正是这种自我省察和约束的精神。让自己做到这一点，为自己的做人做事打造好优良的"软装备"，就等于迈出了超越一般人的了不起的一步。

顺其自然而生，逆道而行则亡

原典

道者，人之所蹈，使万物不知其所由。

译文

天道是世间万物存在和发展所遵循的自然法则和运行规律。

我们以前常说"人定胜天"，认为只要努力没有办不到的事，可是事实证明，有时人类只能顺应自然，而不可能去战胜它、逆转它。

比如说我们可以将果树嫁接，但是我们不能让一头牛的角上长出苹果来；我们可以人工降雨，可是我们不能控制一场海啸的发生；我们可以提高粮食的产量，但是不可能让1亩地里长出1万斤粮食来。

也就是说，我们尽可以利用大自然的馈赐，可以用人类的聪明才智去创造一些东西，但是不可能完全违背大自然的规律，不能逆"道"而施。否则就会自取灭亡。

什么是自然？老子所讲的自然就是"自然而然"，也就是没有"外力"影响的这个世界的本来面目。现在来理解，它既应包含所有"自然"的存在，也应包括"自然运行的规律"。可是，自然既然是至大无外的话，有什么能成为"外力"而使之"不自然"呢？

黄石公所云之"天道"其实就是自然之力。

我们常说的自不自然的概念其实是针对人类自身而言的，是从人类角度出发的。人，自有文明以来，也就一直处于这样的矛盾之中：既认为自己是自然的一部分，又时常将自己置身于自然之外，以至于将自己看成一个能够影响"自然"的外力。这岂不是本末倒置了吗？

有的人认为，人类无须敬畏自然，更不必顺天。

但是，在人类制造了工具，有了一些发明，有了科学发展之后，开始提出人定胜天这类的口号，在处理人与自然的关系时，总是"以人为本"。结果如何呢？

因为"以人为本"，树木被滥砍滥伐，野生动物被屠杀，地球的生态环境越来越恶劣。人类似乎已经完全忘记了自己本来就是自然的一部分，有什么道理不去顺应自然而非要以我们人类为本呢？

的确，许多天灾实为人祸，是因为人类的活动为自然环境带来无可逆转的伤害。

其实自然就像一个大家庭，这个家庭中不只有人类一个孩子，还有其他的物种。

当面对自然的时候，我们考虑的不能仅仅是人类自身，否则就会被其他的"兄弟姐妹"所抛弃。

我们提倡敬畏自然，是要顺"道"而行，因为"道"是万物之所由。我们说敬畏，重点在敬，而不是畏，是要以深厚的现代环境科学作为支撑趋利避害，明了自己该做什么不该做什么。我们应该善待我们的环境，同时摒弃自以为能够对自然为所欲为的思想，以及对人自身的盲目崇拜。只有这样才会"得之者生，顺之者成"。

《易经》云："在天成事，在地成形，变化足矣。"自然世界，人类

社会，天地间没有不变的事情，万事万物，时刻在变，变是"天道"的法则，是事物发展的规律。一个人要想有所成就，想成其所事，个人的努力固然非常重要；但顺守天道，顺其自然，尊重现实，实事求是，量力而行，以变应变更是关键。

大道无术，若自以为是、不知天高地厚地一味偏激和固执，明知其不可为而强为，只能为自己增添无尽的烦恼和痛苦，带来无穷的失败和灾难。即使是神机妙算、被国人誉为智慧之神的诸葛亮在遇到挫折时也不能不仰天慨叹："谋事在人，成事在天。"

无论历史上还是现实中，我们都不难见到有些人或愚昧无知、意气用事，或匹夫之勇、不自量力，或骄妄轻狂、倒行逆施。结果往往事与愿违，功不成名不就，落得个身败名裂，有的更为自然带来破坏，为社会带来损失，为他人带来灾难。这些人，除了没有真正了解自己，过高地估计自己的力量，就是悖时势，逆天道。

有德者一定会有所得

 原典

德者，人之所得，使万物各得其所欲。

译文

德就是人们在社会生活中具有的品行操守，德促使人们依德而行，使一己的欲求得到满足，唯有"德"才能有所得。从宏观角度来讲，德就是让世间万事万物各得其所欲，各展其所能。

孔子说"德不孤，必有邻"，一个有道德的人绝不会孤单，肯定会有人与他在一起。一个人不可能把自己孤立起来，真正的有德之人生活在人群中间。

也就是说，一方面，有道德的人自己有修养和风范，自然会影响周围的人，吸引周围的人与之成为朋友。另一方面，有道德的人既已献身于道德学问，就会耐得住孤单和寂寞，即便暂时没有得到他人的理解，也会在道德学问中，在先贤的思想和人格中找到神交的朋友，这样，他也不会孤单。说到底，因为道德是跨越时间和空间的局限而发展的，所以，有道德的人也不会受时间和空间的限制，总会找到自己的志同道合的朋友和事业伙伴。

而这些，不恰恰是成就伟业最急需的"本钱"吗？

德行就是你用什么样的态度对待你身边的人，有德之人必有所得：大德得天下，小德得朋友。

战国时期，魏国的公子信陵君最爱招揽天下贤能之士。当时有一个年过七十却只做了个看守大梁东城门的小吏的隐士，叫做侯嬴，他家境贫寒，但颇有才华。信陵君很希望将他纳入自己的门下，于是亲自去拜访侯嬴，并馈赠于他极为贵重的礼物。但令信陵君万万没有想到的是，侯嬴竟然婉言谢绝了。

一天，公子府大摆筵席。当酒席摆好后，信陵君带着随从亲往东城门迎接侯嬴。侯嬴也不谦让，直接坐到信陵君的身边，企图用自己的傲慢无礼激怒信陵君。而信陵君却亲自驾驶马车，态度丝毫也没有不恭敬。刚走出不远，侯嬴就对信陵君说："我有个朋友在屠宰场，您能送我去看他吗？"信陵君毫不犹豫地就将车赶到了屠宰场。

侯嬴见到自己的朋友朱亥后，故意把信陵君晾在一边，而自己却和朋友谈话。侯嬴一边谈话，一边注意观察信陵君的反应，他发现信陵君的脸色更加温和。因为信陵君的亲朋好友都在等着他回去开筵，他的随从都暗骂侯嬴不识抬举，市井之人也都好奇地观看着眼前所发生的一切，可信陵君自始至终都和颜悦色。

来到公子府，侯嬴被信陵君请到了上座。信陵君还向他介绍了在座的宗室、将相，并亲自向他敬酒。直到这时，侯嬴被信陵君礼贤下士的德行，完全打动和折服，并最终为帮助信陵君"窃符救赵"的成功行动立下了汗马功劳。

信陵君能够招揽到侯嬴，与他的品行修养有着直接的关系。

在现实生活的人际交往中，一个人道德品质和修养的高下，是决定与他人相处得好与坏的重要因素。道德品质高尚，个人修养好，就容易赢得他人的信任与友谊；如果不注重个人道德品质修养，就难以处理好与他人的关系，交不到真心朋友。我们身边就不乏这样的人：有的人看自己一枝花，看别人豆腐渣，处处自我感觉良好，盛气凌人；还有的人一事当前往往从一己私利出发，见到好处就争抢，遇到问题就相互推诿，甚至给别人拆台。这些人在生活中之所以难有朋友，归根到底，就是在自身道德品质和个人修养方面出了问题。

仁者总能设身处地为别人着想

原典

仁者，人之所亲，有慈惠恻隐之心，以遂其生成。

译文

仁是人所独具的仁慈、爱人的心理，仁使有志于天下的人互相亲近，人能关心同情他人，各种善良的愿望和行动就会产生。

在《论语》一书中"仁"字出现了两百多次，但孔子并没有给"仁"下过一个明确的定义。韩愈说"仁"就是"博爱"。"仁"是一种内心的人生观、世界观，要求发自内心地爱自己、爱家人、爱乡里、爱国家乃至爱天下。但这种爱不是没有原则的滥爱，而是看到别人好，你要爱他，看到别人不好，你更要爱他，以此把他感化过来。

子曰："里仁为美。择不处仁，焉得知？"

里仁并不是说要住在仁人堆里，而是要怀着一颗仁心，以仁的标准来要求、磨炼自己。仁是一种生活态度，它能涤荡你心中的尘埃，还你一颗活泼纯净的心灵，让你活得潇洒，活得自如，活得理直气壮，活得无愧于心。

关于做人之"仁"，很重要的一点就是"为别人着想"。能够设身处地地为别人着想，许多事情都可以顺利地解决，这个世界就会拥有更

多的关怀。生活中的很多误解和隔膜实际上都是由于人与人的生活状态存在差异，因而造成的思维角度和方式不同所引起的。一个人如果能够有一颗充满仁爱的心，言行充满人情味，不但能给他人带来温暖，也会令自己的人生顺风顺水。

东汉的袁安就是这样一个充满仁爱之心的人。有一次，鹅毛般的大雪下了整整一夜。第二天清晨，天放晴了，应该是扫雪的时候了。这时，洛阳的地方官下去视察，发现家家户户都出来扫雪。可是，走到袁安家门前时，看见雪地上连脚印都没有一个，官员们怀疑袁安是不是在家里冻死了，急忙命人将他门前的雪扫开。走进屋子，看见袁安在家里直直地躺着。地方官问他为什么不出去，且还可向亲友家借点粮食，袁安说："这样的大雪天气，大家都没好日子过，我怎么好去打扰人家呢？"地方官认为他很贤德，就举荐他当了孝廉。

为自己谋取方便似乎是人们的天性，能够将别人放在自己心上来考虑的人，无疑是道德高尚的人。袁安因为怕妨碍别人就不出门扫雪，真可称得上是君子的行为，无怪地方官要把他举荐为孝廉。人在顺境中往往会沉浸在自己的快乐生活中而忽视他人的苦难和不幸，袁安却超脱于个人的情感之外，将关注的目光投向同样需要帮助的人，体现出他高于常人的境界。

北宋名臣张咏，官至吏部尚书。

一次，他办完公事回到后厅，见一名守卫正在熟睡。张咏就把他叫醒，和气地问他："你怎么了，是不是家里出了什么事啊？"果然，那人闷闷不乐地说："我母亲病了，哥哥外出很久了也没有音信。"

张咏派人调查，证实守卫说的是实话。

第二天，张咏派了一个仆人去帮助守卫照料他的母亲，帮他把事情安排好，守卫感激不尽。

事后张咏说："在我的后厅怎么敢有人睡觉呢？这人当时睡着了，一定是心里很愁闷，所以我才询问他。"

像张咏这么有人情味的领导，下属能不愿为他尽力做事吗？的确，在生活中，一个充满人情味和有爱心的人，往往具有很强的亲和力。无论其地位高低，都会赢得别人发自内心的尊敬。这样的人，无论走到哪里，可以说都不会有过不去的路的。

人作为社会的一员，必然不能只为自己着想，否则，不但有道德上的污点，更是做人策略上的失败。一个人，尤其是作为领导者，一言一行都应该带有令人亲切的人情味，多为他人着想一些。这不但能问心无愧，同时也会给自己增加"人气"，让自己得到更多的尊敬和拥戴。

正直守义是为人间正义

 原典

义者，人之所宜，赏善罚恶，以立功立世。

译文

所谓义就是人们的行为要合乎事理，无论做什么都要合乎事宜。以

此来奖赏善者，惩罚恶人，继而人心所归，建功立业自然水到渠成。

从另一个角度讲，义还是一套衡量人们的言行是否得"道"的标准，合乎这个标准，就一定会有一个好的结果，违背这个标准，无论是天道还是天理，都难容其立身处世。

不论是哪个朝代，哪个国家，人们对奉行仁义的人都充满了敬仰和爱戴。因此，在古代就出现了"仁义大侠"、"仁义之师"之类的称呼。老子对待这个问题是这样看的——"夫慈，以战则胜，以守则固。天将救之，以慈卫之"。后来，孟子对老子的这句话进行了进一步的解释——"爱仁者人人爱之，敬仁者人人敬之"。

汉朝著名的学者董仲舒也很支持老子的这一观点，在《仁义法》中，他讲道"仁之法在爱人，不在爱我；义之法在正我，而不在正人"，意思就是首先是要爱别人而不是爱自己，讲正义首先从自己做起而不是要求别人。

清朝学者吴敬梓讲"以义服人，何人不服"，就是指以仁义来服人，谁又会不服呢？

历史上有名的"强项令"（硬脖子县令）董宣，在自己的岗位上，疾恶如仇，不畏强权，为惩办凶顽，连皇帝都敢顶的精神，就是坚守道义立身立世的有力证明。

董宣字少平，东汉陈留郡（今河南开封东南陈留城）人。他勤奋好学，博通经史。光武帝建武初年，董宣做了几任县级官员，颇有政绩和清名，后又被提升为北海国相。

在他年近七十岁时，又被调任为洛阳令，洛阳是东汉的都城，京师

的豪门贵族常常依仗权势，枉行不法。董宣任洛阳令，执法如山，蔑视权贵，对皇亲国戚的不法行为敢于惩办，皇帝的姐姐湖阳公主家有个恶奴，狗仗人势，青天白日在洛阳西市杀人，然后躲进公主府内。洛阳府衙的吏役们谁也不敢进公主府中捉人，杀人犯在公主的庇护下，竟逍遥法外。董宣决心要惩办凶犯，伸张正义。他不露声色地暗暗派人监视凶手的动向，寻找时机，缉捕凶手。那个凶奴在府中躲了几天，听听外面没有什么动静，以为没事了，就大着胆子坐上公主的车子，随公主一起到城外去游玩。董宣探知这一消息后，立即带人抄近路赶到公主车马必须经过的夏门亭。当公主的车马一到，董宣手持利刃，突然往路中一站，迎面拦住公主的车，湖阳公主大吃一惊，怒声喝道："你是什么人？为什么要拦住我的车马？"

董宣镇定地回答："禀公主，我是洛阳令董宣，特来缉拿在逃的杀人犯，请公主马上交出凶手！"

湖阳公主根本不把小小的洛阳令放在眼里，态度十分傲慢地责问："董宣你身为县令，不顾朝廷的法度，竟敢手执凶器，拦劫我的车马，该当何罪？谁是凶手？！"

董宣见湖阳公主以势压人，异常愤慨，强压怒火，义正词严地说："公主，你家法不严，致使家奴无视法律，胆敢在闹市上无故杀人，本来就有一定的责任，现在又公开庇护杀人犯，更是错上加错！自古以来，王子犯法，与庶民同罪，何况你的家奴！请速速交出凶手！"

湖阳公主见董宣毫不相让，一点不讲情面，不由恼羞成怒，十分蛮横地说："就算我的家仆伤了人命，如果我不把他交出来，你敢怎么样？"

董宣听了，勃然大怒，喝令身后的差役，从公主的车上揪下那个杀人恶奴，就地正法。湖阳公主被这个场面惊得三魂出窍，立即调转车头，径奔皇宫，哭哭啼啼到皇帝那里去告状。

光武帝刘秀九岁就失去父母，从小靠姐姐拉扯着长大成人，所以他对湖阳公主感情特别深。他听说姐姐遭到董宣的"凌辱"，不由大怒，立即派人把董宣传来，不容分说，喝令近侍将他拉出去打死，董宣毫无惧色，从容地对刘秀说："请陛下允许我临死的时候说一句话。""你还有什么话说？"刘秀怒冲冲地喝道。"陛下以圣德而中兴汉室，现在却祖护姐姐纵奴杀人，今后还怎么治理天下，用不着别人动手，让我自己结果这条老命算了！"董宣说罢，就以头猛撞殿柱，顿时血流满面。刘秀听了董宣的话，有所醒悟，又见董宣如此刚烈，不由暗暗佩服，怒气渐消，马上命殿上的小太监拉住他。

为了照顾公主的面子，刘秀对董宣说："你要是现在给公主叩头赔罪，我马上释放你。"

"依法办事，何罪之有！"董宣坚决不答应。

刘秀见董宣如此固执，弄得自己也无法下台，不由心头怒火又起，喝令侍从把董宣推到公主面前，用手强按他的脑袋，逼着他叩头。不料董宣两手用力撑在地上，就是不低头。公主见了，窝了一肚子火，转过身来激刘秀说："文叔（刘秀的字）从前做平民百姓时，家里窝藏亡命，官府明明知道，也不敢登门过问。现在贵为天子，操生杀大权，难道连一个小小的县令也制服不了吗？"刘秀深深地被董宣的不屈精神所打动，笑着对湖阳公主说："正因为我现在身为天子，所以做事才不能胡来。"立即下令，释放了这位"强项令"。

从此以后，洛阳城权豪缩颈，恶霸敛手，京师肃然。

董宣并不是显官宿儒，也不是几朝元老，不过是个普通的郡县官员，光武帝为什么不杀他，甚至奈何不了他？老百姓又为何如此拥戴他？原因既明了又简单，在于他为官以节操和道义为本。正是这种"义"让他为人正气凛然，不畏权势，执法如山；正是这种"义"，威慑了刁顽恶徒，感动了平民百姓；也正是这种"义"，使他名垂青史，世代受到人们的敬佩和称颂。

　　日行千里的良马，其力固然可观，但与它的内在的品性相比，则不足论，千里马更可贵、更可赞的是它那识途、护主的高尚的道义。同样，"义"乃人生事业的基础，是个人才能的统帅与主心骨。离开道义的建树，事业就失去了稳固的根基，如艳丽一时不可长存的花朵；缺乏道义的约束和指导，无论你有多么卓越的才能，也不会有令人称颂、经天纬地的成就。

礼多人不怪

 原典

　　礼者，人之所履，夙兴夜寐，以成人伦之序。

译文

　　礼，是规定社会行为的法则、规范仪式的总称。人人必须遵循礼的

规范，夙兴夜寐，兢兢业业，按照君臣、父子、夫妻、兄弟等人伦关系所排列的顺序行事。

礼，从大的方面说就是社会各种制度，包括等级制度、宗法关系、礼法条规等，从小的方面说就是个人行为准则、礼仪规范。在封建社会，这些条条框框是人们必须遵守的，其法律效力相当于今天的宪法。

以"礼"治国是儒家一直倡导的基本精神，而这种礼制恰恰很符合当时封建社会统治阶级的需求，所以很盛行。

那时的很多人都认为治国应以纲常礼义为先。因为纲常礼义是"性"与"命"，即所谓"以身之所接言，则有君臣父子，即有仁、敬、孝、慈。其必以仁、敬、孝、慈为则者，性也；其所以纲维乎五伦者，命也"。无论是"三纲"还是"五伦"，都是一种天性天命的礼，谁也不能违背。并且强调，修身、齐家、治国、平天下，则"一秉于礼"，"自内言之，舍礼无所谓道德；自外言之，舍礼无所谓政事"。

诸葛亮可谓是整部《三国演义》中最具亮点的人物之一，人们对他的评价颇高。陕西岐山县五丈原诸葛亮庙有一副赞扬诸葛亮的对联：义肝忠胆，六经以来二表；托孤寄后，三代而后一人。很显然，这是对诸葛亮历史功绩的夸赞。但人们对于诸葛亮的认识却更偏重于他的计谋和为人处世方面。也可以说，人们更欣赏他的为人及处世智慧。

虽然在很多时候诸葛亮的礼数并不是最周全的，甚至有的时候在刘备面前还有点越俎代庖的嫌疑，然而有一次，他的礼数可谓是恰到好处。

在联合抗曹取得了一定胜利的时候，蜀、吴两家却为了荆州闹了起来。然后诸葛亮定计"三气周瑜"，使周瑜气绝身亡。当时，东吴上下对诸葛亮可谓是恨之入骨，欲杀诸葛亮而后快，两家的盟友关系也面临着分裂的严峻考验。

令人意想不到的是，此时的诸葛亮却亲自到柴桑口为周瑜吊孝以尽礼仪。当然，诸葛亮也不是没有准备、只身前往的，他也知道倘若自己有丝毫差错，必然会有去无回。因此他带上了威震长坂坡的赵子龙，以确保他到柴桑口之行的人身安全。

接着，诸葛亮才设祭物于灵前，亲自祭酒，跪在周瑜的灵位前，开始宣读祭文。祭文写得感人至深，诸葛亮在宣读完祭文之后，伏地大哭，泪如泉涌。他的表现令在场的东吴将士无不为之感动，甚至人们对于周瑜是不是被诸葛亮气死的产生了质疑，哪里还有报仇的意思？

这次祭拜，不管是不是发自诸葛亮的真心暂且不说，但是诸葛亮的礼数到了，而且诸葛亮祭拜的目的也达到了——不但消除了东吴诸人对他的恨，也修补了蜀吴两国合作的裂痕，真可谓是一举两得。

"礼"自古就是受人推崇的道德，人们一直将"礼"看得很重。《礼记·冠义》上说："凡人之所以为人者，礼义也"；《礼记·曲礼》说："鹦鹉能言，不离飞鸟。猩猩能言，不离禽兽。今人而无礼，虽能言，不亦禽兽之心乎？"

当然，封建社会的很多五花八门的礼数都是徒有其表，可以借鉴，但并不值得极力推崇。但是，我们国家毕竟是礼仪之邦，所谓"礼多人不怪"，平时做个知书达"礼"的人还是不无裨益的。

"礼"是出自对人的敬重，而透过内心的倾慕和外在的尊崇表达出来。若对人没有那种敬重之心，即使表面的功夫做得有多出色，那都是假的，并不可说是礼，只能说是虚礼；相反，只要对他人产生敬重的心，

不论你有否向人行"礼",这已是真真正正的礼了!所以说,礼可以有形,也可以无形,最重要的是人的内心。

在生活中,我们常常忽略了那些看似不起眼的"礼",也正是由于忽略了它们,才使得家庭矛盾升级、朋友关系紧张……从而导致一系列隐患的产生。

《左传·僖位公三十三年》上记载,春秋时一个叫冀芮的人在田里除草,他的妻子把午饭送到田头,恭恭敬敬的双手把饭捧给丈夫。丈夫庄重地接过来,毕恭毕敬地还礼后才用饭。妻子在丈夫用饭时,恭敬地侍立在一旁等着他吃完,收拾餐具辞别丈夫而去。这件事被当时晋国的一个大夫看见了,传为佳话。

《左传》上记载的这个故事,后来被人们作为"相敬如宾"这个成语的故事解释。在我们看来,夫妻间应该少些礼数,但是必要的礼数却能够增加彼此间的亲密度,使夫妻关系更加和谐。同样的道理,朋友、兄弟间倘若多一些礼数,也会减少那些没必要矛盾的产生;上下级间倘若多一些礼数,也能形成一种融洽的工作氛围,使工作能够顺利进行……

什么是真正的学问

 原典

　　贤人君子,明于盛衰之道,通乎成败之数,审乎治乱之势,达乎去

就之理。

那些有名的贤人君子之所以事业有成，很大程度上是因为他们都明白盛衰、成败的规律所在，掌握了这些规律能很好地预见未来即将发生的事，从而给下一步的行动作出正确的决策，或者走，或者留，或者进，或者退，都可以从容应对。

这些事情看似容易，却不是一般人能做到的。要做到这一点，不仅需要清醒的头脑、足够的学识和阅历，更需要平日里细心观察和思考，不断地总结前人的经验，不断地实践，最后才有可能达到"明于盛衰之道，通乎成败之数。审乎治乱之势，达乎去就之理"的境界。

读《素书》是为了学习做人做事，但《素书》告诉你，真正的学问并不全在书本上。真正的学问是要"入乎其内，出乎其外"，用通俗的话来讲，就像学生读书，先是要把书通读，进入其中，然后要把书读厚，从一个论题衍出另一个论题，从一个知识点发散出其他知识点，将知识融会贯通。然后再把书读薄，将其中的重点归纳整理出来，将众多的知识点汇聚到一起，抛弃其中熟知的、无用的东西，最后和现实相结合，最好能把世间的事物本质统统看透，并以此来指导自己的人生实践。这样才算是学好了这一门课。

但是在这之前，如果自己的实践经验还不够，或是处于无知的状态，那又怎么可以去冒充已经通晓了大智慧呢？

《红楼梦》中有一个对子："世事洞明皆学问，人情练达即文章。"对世事都洞明、透彻了，这是真学问，对人情世故都通达了，那是大文章。一个人的修养若能达到这种境界，就是很了不起的了。

错误和失败并不是百分之百一定的，只要懂得去总结整理，错误和失败也是一笔财富，而且可以向着成功转化。这也是世事洞明皆学问的道理。

我们的生命是有限的，所以我们所经历的不论是成功还是失败，都是我们人生里宝贵的财富，而对大多数人来说，所经历的失败会远远多于成功，如果因此而自认为是个失败者，那就不免浪费了生活赐给我们的珍宝。

在有限的生命里，使自己成为一个洞明世事、练达人情的智者，而不要用寻常人的眼光早早将自己限定为一个成功者或是失败者，这才是超然于物外的明智。

适时把握时机即可一飞冲天

原典

若时至而行，则能极人臣之位；得机而动，则能成绝代之功。如其不遇，没身而已。

译文

假如能充分把握时机，并且立即行动，也许就能位极人臣；如果得到机会就立即振臂奋起，也许能够成就当代独一无二的丰功伟业；如果运气本来就不好，又不懂得主动把握机会，那就只能被淹没，终身无所作为。

适当地把握时机，适时掌握主动权，就会变不利为有利，变被动为主动，这是为人处世立于不败之地的要旨。

做好一件事情，客观条件极其有限，但只要把握时机，因势利导，善于动脑，主观能力自然会发挥到极致。

唐朝末年浙江以东的裘甫率农民发动起义，已攻占了几个城池，朝廷任命安南都户王式为观察史，镇压动乱。刚上任的第一件事，王式命人将县里粮仓中的粮食发给饥民。众将官迷惑不解，都说："您刚上任，军队粮饷又那么紧张，现在您把县里粮仓中的存粮散发给百姓，这是怎么回事呢？"王式微笑着说："反贼用抢粮仓中存粮的把戏来诱惑贫困百姓造反，现在我向他们散发粮食，那么，贫苦百姓就会不强抢了。再者，各县没有守兵，根本无力防守粮仓，如果不把粮食发给贫苦百姓，等到敌人来了，反而会用来资助敌人。"

各位将领听后，都觉得言之有理。果然，叛军到达后，百姓纷纷抵抗，不到几月工夫，叛乱被平定。

所谓"天有不测风云，人有旦夕祸福"，世上的事情不是以人的意志为转移的。随着情况、形势的变化，及时掌握有利时机，把握主动，灵活应对，这是一个人立身处世建功立业不可或缺的本领。

　　在生活中，我们必须处处时时以应变的心态看待社会，要做好应对变故的思想准备，并机动灵活运用应变之术，以使自己永立不败之地。

　　所以，驾驭时机在许多场合中都是靠"装糊涂"才会成功的，这种糊涂有进攻型的，也有退却型的，不同的场合要灵活运用，以谋求解决问题的最佳方式。

为学做事应以道德修养为本

原典

　　是以其道足以高，而名扬于后世。

译文

　　正是因为有些人道德的修养足够高尚，所以他们总是名垂千古、流芳百世。

　　老百姓的眼睛是雪亮的，不管你有多大的官职，也无论你在战场上杀了多少敌人，但凡你想要得到老百姓的敬爱就必须有足够高尚的"道"的修养，而无"道"之人只有遭人唾弃的份。比如赵高、秦桧之辈，尽管位居宰相之位，一人之下万人之上，但身后留下了什么？不过是骂声一片而已。

通俗地讲，"道"的修养也算是成功的一项硬性指标。

一个人无论想要学什么做什么，首先要在道德上立根基。这是做人的根本，没有这个根本，再高的学问、再大的本事也是没有益处的。举个例子，警察和小偷之所学，有许多相似、相通之处，但是，同样的学，却导致不同的结果，其原因就在于人之本。这就像今日所说的道德与科学的关系一样。如何运用科学技术，不是取决于科学技术本身，而是取决于人的道德观念。总之，道的修养是人之根本，"本立而道生"，有了本，才可以言及其他。换言之，也就是先做人，再为学，再做事。

一个人有没有学问，学问的好坏，主要不是看他的文化知识，而是要看他能不能实行"孝"、"忠"、"信"等传统伦理道德。只要做到了后面几点，他就能够摆脱一些低级趣味和自私倾向。这样的人，即使他说自己没有学习过，但他已经是有道德的人了。在今天，道德修养和文化知识同等重要。只有这样，才能成为德才兼备的有用之人。

的确，一个人尽管学富五车、才高八斗，如果他的言谈举止、行为方式愚笨乖谬，不能解决一些实际问题，又有什么用呢？相反，一个人即使没有什么文凭，没有进过大学校门，但他言谈文雅，举止得体，行为方式正确，能够有所发明，有所创造，难道你能够说他没有学习过什么吗？

世间什么最难？做人最难，拼上三年两载工夫做成一件两件事不难，做人却是一辈子的事，弄不好一辈子也不会做人。不会做人怎么做事？

有一个名叫公明宣的人在曾子门下学习，三年不读书。曾子说："你在我家里，三年不学习，为什么？"

公明宣说："我哪敢不学习？我看见老师在家里，只要有长辈在，连牛马也没有训斥过，我很想学习您对长辈的态度，可惜还没有学好。我看见老师接待宾客，始终谨慎谦虚，从来没有松懈过，我很想学习您对朋友的态度，可惜还没有学好。我看见老师在朝廷办公事，对下属的要求很严格，但从来不伤害他们的自尊心，我很想学习您对下属的态度，可惜还没有学好。"

曾子离开座位，向公明宣道歉说："我不如你，我只会读书罢了！"

以往我们的教育偏重于告诉人们什么是好人、必须做好人。比较偏废于教育学生怎样去做人，以致学生对于为人处世的原则方法并不明了。因而不善应对不善交际，不能协调好人际关系，不能较好地把内在的美德变成外在的美行，把个人恰当地融入集体之中。

那么，一个人究竟该如何学做人呢？有人为此做出了如下界定：

其一，严于律己，宽以待人。这是做人的基本原则。以责人之心责己，以恕己之心恕人。

其二，与人为善，切忌骄横。众怒难犯，专欲难成。物极必反，器满则倾。肆无忌惮，焚己伤人。切勿恃强凌弱。倚势凌人，势败人凌我；穷巷追狗，巷穷狗咬人。

其三，谦和为美，多让少争。对人须有敬爱之心。相爱无隙，相敬如宾。荣辱毁誉，处之泰然。小不忍而乱大谋，不闹无原则的纷争。

其四，诚信待人，远离是非。君子重信诺，一字值千金。胸怀坦荡真君子，口蜜腹剑是小人。毋以己长而形人之短，毋因己拙而忌人之能。有言人前说，人后不说人。所谓：闲谈莫论人是非。

其五，仗义疏财，扶危济贫。钱财如粪土，仁义值千金，烈士让千乘，贪夫争一文。不因贫而舍，不以富为尊。

是以，做人决然是门大学问，绝对一言难尽，绝非一蹴而就。管窥蠡测，凭君撷取。

我们并不是主张不会做人，就不要学知识，而是要把做人的道德修养放在第一位，学知识放在第二位。因为，一个连人都做不好的人，学得再多的知识又有何用呢？

第二章

正道

——最有效的人生韬略

　　一提到"韬略"，很多人马上就会想到"出奇制胜"。是的，"出奇制胜"是兵家津津乐道的战场秘籍，可是战场上的制胜韬略并不一定适用于为人处世。为了把对方消灭而不择手段地运用"奇"招，有时可能会出现在战争中。但如果做人也如此，那肯定不会有什么好下场，反观历史，这样的悲剧太多了。所以黄石公说"正道"才是做人的关键。

诚实守信实为立足的法宝

原典

信足以一异，义足以得众。

译文

一个人的信义昭著足以影响别人对事物的认知，从而最终达成统一的意见，获得众人的支持。

东汉的许慎在他所著的《说文解字》中说，"诚，信也"，又说"信，诚也"。由此可见，"诚"和"信"，无论是单独使用还是相连使用，在古代都是同一个意思。诚实守信无论是在古代还是现代，都具有十分重要的意义。

诚信无价。虽然一时的坦诚可能会损失眼前的利益，但换来的却是比金钱更重要的信任，收获的是长远的利益。但有的人却不这样想，他们会为了眼前的利益，而失去了很好的发展机会。

从前有个商人，渡河时翻船了。他不会游水，差点儿淹死，而河面上有一捆枯草，他拼命抓住这捆草，大声地呼喊救命。

　　一个打鱼人听见喊声，急忙驾着小船来救他。商人看见渔人，连忙喊道："我是济阳的大富翁，你快来救我的命吧。我有万贯家财，如果你救了我，我可以给你一千两银子。"

　　于是打鱼人就把他救了上来。当富翁带着渔人到家里取钱时，只给了渔人一百两银子。渔人说："你原来说给我一千两银子，现在却变成了一百两，这不是不讲信用吗？"商人听了，不但不兑现自己的诺言，反而勃然大怒说："你是一个打鱼的人，一天能赚几两银子？现在你不费力气就赚到了一百两银子，难道还不满足吗？哼！'信用'，它能值多少钱？"

　　渔人看出商人是在耍赖，心想再和他争辩也没有用，便转身走了。

　　半年后，这个商人从吕梁一带买了一批货物，顺水而下。中途不幸刮起了大风，船又翻了，商人在水中大喊救命。这时渔人正在岸边，不管商人怎么呼喊，他也不去救。岸上的人纷纷对渔人说："你怎么不去救他呢？"渔人说："我过去曾救过他。他是济阳的一个富翁，但说话不算数。还说'信用'不值钱。我倒不是计较几个酬金，但我一定要让他知道'信用'值多少钱。"当人们听了渔人的话后，都气愤地说："不讲信用的人，淹死活该。"

　　只见那个富翁在水面上翻了几番，便沉入水中，再也不见了。

　　济阳商人耍小聪明误了身家性命，落人耻笑。这就警告那些好算计的人，不要以为自己聪明、妙算，就算计别人。其实，这些小人因为用心太过，反倒算计了自己。只计较一时的小利而不惜毁掉信用的人，才是真正的愚蠢，因为他丢了信用，纵使有万贯家财，也不可能再挽回"信用"二字。

自古以来，诚实守信就是做人最基本的品德，"言出必行"、"一诺千金"、"诚实不欺"一直被公认为为人处世的基本准则。

西汉初年有一个叫季布的人，他为人正直，乐于助人，并且特别讲信义。只要是他答应过的事，无论有多大的困难，他一定要想方设法办到，所以在当时名声很好。

季布曾经是项羽的部将，他很会打仗，几次把刘邦打败，弄得刘邦很狼狈。后来项羽被围自杀，刘邦夺取天下，当上了皇帝。刘邦每想起败在季布手下的事，就十分生气。愤怒之下，刘邦下令缉拿季布。

幸好有个姓周的人得到了这个消息，秘密地将季布送到鲁地一户姓朱的人家。朱家是关东一霸，素以"仁侠"闻名。此人很欣赏季布的侠义行为，尽力将季布保护起来。不仅如此，还专程到洛阳去找汝阴侯夏侯婴，请他解救季布。

夏侯婴从小与刘邦很亲近，后来跟刘邦起兵，转战各地，为刘邦建立汉王朝立下了汗马功劳。他很同情季布的不幸处境，在刘邦面前为季布说情，终于使刘邦赦免了季布，还封他为郎中。不久又任命他为河东太守。

当时，楚地有个名叫曹丘生的人，能言善辩，专爱结交权贵。季布和这个人是同乡，很瞧不起他，并在一些朋友面前表示过厌恶之意，偏偏曹丘生听说季布又做了大官，一心想巴结他，特地请求国戚窦长君写一封信给季布，介绍自己给季布认识。窦长君早就知道季布对他印象不好，劝他不要去见季布，免得惹出是非来，但曹丘生坚持要窦长君介绍。窦长君无奈，只好勉强写了一封推荐信，派人送到季布那里。

季布读了信后，很不高兴，准备等曹丘生来时，当面教训教训他。

过了几天，曹丘生果然登门拜访。季布一见曹丘生，就面露厌恶之情。曹丘生对此毫不在乎，先恭恭敬敬地向季布施礼，然后慢条斯理地说："我们楚地有句俗语，叫做'得黄金百两，不如得季布一诺'。您是怎样得到这么高的声誉的呢？您和我都是楚人，如今我在各处宣扬您的好名声，这难道不好吗？您又何必不愿见我呢？"

季布觉得曹丘生说得很有道理，顿时不再讨厌他，并热情款待他，留他在府里住了几个月。曹丘生临走时，季布还送他许多礼物。曹丘生确实也照自己说过的那样去做，每到一地，就宣扬季布如何礼贤下士，如何仗义疏财。这样，季布的名声越来越大。后人用"一诺千金"来形容一个人很讲信用，说话算数。

诚实守信，在社会交往中有着十分重要的作用。一个人说话实实在在，说到做到，就会使人产生信任感，愿意同他交往、合作。相反，轻诺寡信，一而再地自食其言，必然要引起人们的猜疑和不满。只有彼此守信，友谊才会持久。因此老子的"信不足焉，有不信焉"的智慧，仍然是现代人立足的法宝。

不可两次走入同一条河流

 原典

才足以鉴古，明足以照下，此人之俊也。

 译文

　　真正有才能有智慧的人都懂得用前人的经验指导自己做人处世，也唯有此才能让人心清眼明，洞察未来。

　　所谓人中之"才俊"皆由此而来。所谓"才俊"，所谓"聪明的人"，应包含两个标准，一个是智商，一个是学习的能力。智商是从娘胎里带来的，谁都无法刻意改变。但智商高的人并不一定就是聪明的人，真正的聪明要体现在做人办事上。那些学习能力强的人完全可以弥补智商的不足，从而在做人办事上更胜一筹。当然，学习，并不是让大家去学书本上的教条，最值得学习的是前人成败得失的经验。学习这些目的就是一个：少走弯路，少犯同样的错误。

　　世界上没有一个人能保证自己永远不犯错误。对于社会中的每一个人来说，我们应当牢记的一个法则是：不要犯同样的错误。正如那句谚语所说——一只狐狸不能以同一的陷阱捉它两次，驴子绝不会在同样的地点摔倒两次，只有傻瓜才会第二次跌进同一个池塘。

　　不犯错误的人是没有的，但聪明的人能够吸取上一次的教训，为防止下一次挫败做好准备；愚蠢的人却不会这样做，仍然在犯与第一次相同的错误。所谓"吃一堑，长一智"，我们应该从错误中吸取教训，确保下一次不再犯同样的错误。

　　有一次，一个猎人捕获了一只能说90种语言的鸟。

　　这只鸟说："放了我，我将告诉你三条忠告。"

　　猎人回答说："先告诉我，我保证会放了你。"

鸟说道："第一条忠告是：做事后不要懊悔。"

"第二条忠告是：如果有人告诉你一件事，你自己认为是不正确的就不要相信。"

"第三条忠告是：当你爬不上去时，别费力去爬。"

讲完这三条忠告之后，鸟对猎人说："现在你该放了我吧。"猎人依照刚才所说的将鸟放了。

这只鸟飞起后落在一棵高树上，它向猎人大声叫道："你放了我，你真愚蠢。但你并不知道在我的嘴中有一颗十分珍贵的大珍珠，正是这颗珍珠使我这样聪明。"

这个猎人很想再次捕获这只放飞的鸟，他跑到树跟前并开始爬树。但是当爬到一半的时候，他掉了下来并摔断了双腿。

鸟嘲笑他并向他叫道："傻瓜！我刚才告诉你的忠告你全忘记了。我告诉你一旦做了一件事情就别后悔，而你却后悔放了我。我告诉你如果有人对你讲你认为是不可能的事，就别相信，但你却相信像我这样一只小鸟的嘴中会有一颗很大的宝贵珍珠。我告诉你如果你爬不上某高处时，就别强迫自己去爬，而你却追赶我并试图爬上这棵大树，还掉下去摔断了你的双腿。"

"这句箴言说的就是你：'对聪明人来说，一次教训比蠢人受一百次鞭挞还深刻。'"

说完鸟就飞走了。

这则故事的寓意可谓深刻至极。同样，无论是在生活中还是在工作中，我们经常听到别人的忠告，有时自己也会对别人提出忠告。忠告一般都是从经验教训中总结出来的，目的就是为了避免下一次的错误。因

此，我们应该从自己成功与失败的经历中得出经验教训，然后根据实际情况灵活运用，避免犯同样的错误。

卡恩的档案柜中有一个私人档案夹，标示着"我所做过的蠢事"。夹中插着一些他做过的傻事的文字记录。

每次卡恩拿出那个"愚事录"的档案，重看一遍他对自己的批评，这样可以帮助他处理最难处理的问题——管理他自己。

下面是一则关于一位深谙自我管理艺术的人物——豪威尔的故事，他是美国财经界的领袖，曾担任美国商业信托银行董事长，还兼任几家大公司的董事。他受的正规教育很有限，在一个乡下小店当过店员，后来当过美国钢铁公司信用部经理，并一直朝更大的权力地位迈进。

豪威尔先生讲述他克服危机的秘诀时说："几年来我一直有个记事本，记录一天中有哪些约会。家人从不指望我周末晚上会在家，因为他们知道，我常把周末晚上留作自我省察，评估我在这一周中的工作表现。晚餐后，我独自一人打开记事本，回顾一周来所有的面谈、讨论及会议过程。我自问：'我当时做错了什么？''有什么是正确的？我还能做些什么来改进自己的工作表现？''我能从这次经验中吸取什么教训？'这种每周检讨有时弄得我很不开心，有时我几乎不敢相信自己的莽撞。当然，年事渐长，这种情况倒是越来越少，我一直保持这种自我分析的习惯，它对我的帮助非常大。"

豪威尔的做法值得我们每一个人学习，睿智的人知道，不吸取教训，不改正错误，是成不了大业的。

一般人常因他人的批评而愤怒，有智慧的人却想办法从中学习。诗人惠特曼曾说："你以为只能向喜欢你、仰慕你、赞同你的人学习吗？

从反对你的人、批评你的人那儿，不是可以得到更多的教训吗？"

与其等待敌人来攻击我们或我们的工作，倒不如自己动手。我们可以是自己最严苛的批评家。在别人抓到我们的弱点之前，我们应该自己认清并处理这些弱点，及时完善自己虽然不能保证百战百胜，但至少可以避免敌人用同样的手法轻易地击败自己。

不要处处显示自己的聪明

原典

守职而不废。

译文

聪明的人都知道忠于自己的职责，专心做自己该做的事，不可分心，不可因为聪明就给自己找不必要的麻烦。

聪明，无疑是一件好事。但如果因此而觉得自己不一般，处处显得比别人聪明，甚至总是倚仗聪明不把别人放在眼里，不仅得不到好处，往往还会把自己置于十分危险的境地。

在历史上，以聪明人自居而招灾惹祸的例子不在少数。如曾帮刘邦打天下立下汗马功劳的韩信，官封淮阴侯，不久就落下了杀身之祸，原因就在于他自恃有才而锋芒毕露，再加上其功高震主，所以一抓住其"谋反"的借口，刘邦就迫不及待地把他给杀了。另外还有大家耳熟能详的杨修被曹操所杀的故事，都说明了这一点。

英国19世纪政治家查士德斐尔爵士曾经对他的儿子做过这样的教导："要比别人聪明，但不要告诉人家你比他更聪明。"

苏格拉底在雅典一再告诫他的门徒："你只知道一件事，那就是你一无所知。"孔老夫子也说："人不如，而不恨，不亦君子！"

这些话，有一个共同的意思，就是你即使真的很聪明，也不要太出风头，要藏而不露，大智若愚。也就是说，在做人处世中，不要卖弄自己的雕虫小技，不要显得比别人聪明。

世上有一种人很喜欢卖弄自己，他们掌握一点本事，就生怕别人不知道，无论在什么人面前都想"露两手"。这种人爱出风头，总想表现自己，对一切都满不在乎，头脑膨胀，忘乎所以。在做人处世中，这种人十个有九个要失败。

那么，在做人处世中应该如何做，才是不卖弄自己的聪明呢？不妨从以下三方面注意：

第一，要在生活枝节问题上学会"随众"，萧规曹随，跟着别人的步履前进。

这种随众附和的做人方法，至少有两大实际意义：其一，社会上的群居生活，需要大家互相合作。其二，在某些情况下，当你茫然不知所措时，你该怎么办？当然是仿效他人的行为与见解，从而发掘正确的应对办法。

第二，不要让人感觉你比他聪明。

　　如果别人有过错，无论你采取什么方式指出别人的错误：一个蔑视的眼神儿，一种不满的腔调，一个不耐烦的手势，都可能带来难堪的后果。美国哈维罗宾森教授在《下决心的过程》一书中说过一段富有启发性的话："人，有时会很自然地改变自己的想法，但是如果有人说他错了，他就会恼火，更加固执己见。人，有时也会毫无根据地形成自己的想法，但是如果有人不同意他的想法，那反而会使他全心全意地去维护自己的想法。不是那些想法本身多么珍贵，而是他的自尊心受到威胁……"

　　第三，贵办法不贵主张。换一句话说，就是多一点具体措施，少一些高谈阔论。

　　比如，上司和同事或者朋友，希望你帮助他办某件事，你可以拿出一套又一套的办法，第一套方案，第二套方案，总之，你千方百计把问题解决了，这比发表"高见"，不是有意思得多吗？不说空话，而又能干得成实事，你将给人一种沉稳的成熟者的形象。

　　在做人处世中，不要把别人都看成是一无所知的人。其实，我们周围的人，和你一样，都各有主张。但多数人都不喜欢采纳别人尤其是下属的主张，因为这往往会被认为有失身份，有损体面。如果我们把同事都看成是庸才，只有自己有真知灼见，于是在一个团体内多发主张，结果被采纳的百分比，恐怕是最低的，而且很可能是最先被淘汰出局的人。

　　"聪明"是相对的，是对某一具体的方面、具体的人而言的。你在这个人面前很聪明，而在另一个人面前很可能稍显逊色。所以，聪明还是不"聪明"并不足以成为做人的资本，根本不值得卖弄。

勇于负责可以改变一切

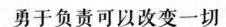

原典

处义而不回，见嫌而不苟免。

译文

即使有被人误解猜疑的风险，仍然义无反顾地尽到自己的职责，不推脱，不扯皮，埋头做自己该做的事情。勇于负责永远是一种值得称道的积极进取精神。

一个人想要实现自己内心的梦想，下定决心改变自己的生活境况和人生境遇，首先要改变的是自己的思想和认识，要学会从勇于担当的角度入手，对自己所从事的事业保持清醒的认识，不管别人怎么看怎么想，仍然努力培养自己勇于负责的精神，因为这是成就伟业的最佳方法之一。

一位伟人说："人生所有的履历都必须排在勇于负责的精神之后。"勇于负责的精神是改变一切的力量，它可以改变你平庸的生活状态，使你变得杰出和优秀；它可以帮你赢得别人的信任和尊重，从而强化你脆弱的人际关系；更重要的是，它可以使你成为好机会的座上宾，频频获得它的眷顾，从而扭转职业轨迹的方向。如果你已经足够聪明和勤奋，但依然成绩平庸，那么就请检视自己是否具有勇于负责的精神。只要拥

有了它，你就可以获得改变一切的力量。

在商业化的社会里，无论哪个单位都越来越欣赏那些敢于承担责任的职员。因为只有这样的人才能给人以信赖感，值得人们去交往。也只有这样的人，才具备开拓精神，能为公司带来效益。所以，在做事的过程中，我们应该要求自己具备一种勇于负责的精神。

要想赢得机会，就得勇于负责。一个普通的员工，一旦具备了勇于负责的精神之后，他的能力就能够得到充分的发挥，他的潜力就能够不断地得到挖掘，从而为公司创造出巨大的效益。同时，也让他自己的事业不断向前发展。

安妮是一家大公司办公室的打字员。有一天午餐时间，她一个人留在办公室里收拾东西。这时，一位董事走进来，想找一些信件。

尽管这并不是安妮分内的工作，但是，她依然回答："尽管这些信件我一无所知，但是，我会尽快帮您找到它们，并将它们放在您的办公室里。"

四个星期后，在一次公司的管理会议上，有一个更高职位的空缺。总裁征求意见，这时这位董事想起了勇于负责的女孩——安妮。于是，他推荐了她。

美国塞文事务机器公司董事长保罗·查来普说："我警告我们公司里的人，如果有谁做错了事，而不敢承担责任，我就开除他。因为这样做的人，显然对我们公司没有足够的兴趣，也说明了他这个人缺乏责任心，根本不够资格成为我们公司里的一员。"

勇于负责的精神说到底就是一种踏踏实实地把事情做好、做到底的态度，也是专业精神的进一步责任化。

在一家电脑销售公司里，老板吩咐三个员工去做同一件事：到供货商那里去调查一下电脑的数量、价格和品质。

第一个员工5分钟后就回来了，他并没有亲自去调查，而是向下属打听了一下供货商的情况，就回来做汇报。30分钟后，第二个员工回来汇报，他亲自到供货商那里了解了一下电脑的数量、价格和品质。第三个员工90分钟后才回来汇报。原来，他不但亲自到供货商那里了解了电脑的数量、价格和品质，而且还根据公司的采购需求，将供货商那里最有价值的商品做了详细记录，并和供货商的销售经理取得了联系。另外，在返回途中，他还去了另外两家供货商那里了解一些相关信息，并将三家供货商的情况做了详细的比较，制定出了最佳购买方案。

结果，第二天公司开会，第一个员工被老板当着大家的面训斥了一顿，并警告他，如果下一次出现类似情况，公司将开除他。第三个员工，因为勇于负责，恪尽职守，在会议上受到老板的大力赞扬，并当场获得了奖励。

无论做什么工作，都应该静下心来，脚踏实地地去做。要知道，你把时间花在哪里，你就会在哪里看到成绩。只要你是勇于负责、认认真真地在做，你的成绩就会被大家看在眼里，你的行为就会受到上司的赞赏和鼓励。

聚沙成塔，集腋成裘。千里之行，始于足下。任何伟大的工程都始于一砖一瓦的堆积，任何耀眼的成功也都是从一步一步中开始的。不管现在所做的工作多么微不足道，我们也必须以高度负责的精神做好它。不但要达到标准，而且要超出标准，超出上司和同事对我们的期望，成

功也就是在这一点一滴的积累中获得的。

那些在职场上表现平庸的人都有以下共性：不受约束，不严格要求自己，也不认真对待自己的职责；内心深处对一切岗位制度和公司纪律嗤之以鼻，对一切指导和建议都持抵触情绪和怀疑态度；在工作和生活之中，以玩世不恭的姿态对待一切；对自己所在机构或公司的工作报以嘲讽的态度，稍有不顺就跳槽；老板或上司稍加疏忽便自我懈怠，自甘堕落；如果没有外在监督，根本就不认真工作；对工作推诿塞责，故步自封……可想而知，任何工作到了他们的手里都得不到认真对待，最终他们得到的就是年华空耗，只能事业无成。

只要你是公司的一员，就应该抛弃借口，丢掉脑中的消极懒散的思想，以全部身心投入工作之中，以勇于负责的精神去面对自己的工作，时时刻刻为公司着想。只有改变工作作风，主动清除头脑中的错误思想，才能成长为一个真正具备勇于负责精神的员工，才会被老板或公司视为支柱，才会获得全面的信任，并获得重要职位，拥有更广阔的工作舞台。

勇于负责才能赢得尊严。一个人要想赢得别人的敬重，让自己活得有尊严，就应该勇敢地承担起责任。一个人即使没有良好的出身、优越的地位，但只要能够勤奋地工作，认真、负责地处理日常工作中的事务，就会赢得别人的敬重和支持。

改变态度，努力培养自己勇于负责的精神，你将会产生出无穷的力量，积极地为自己的梦想和事业努力奋斗。

道义比挣钱更重要

原典

见利而不苟得，此人之杰也。

译文

见到有利可图也不忘乎所以把道义良心丢在一边，能做到这一点，就可谓"人之杰"。

对"义"和"利"的态度，是孔子区分君子和小人的标准。因此，他才说："君子懂得的是义，小人懂得的是利。"在孔子的眼里，道德高尚的人重义而轻利，见利忘义的人重利而忘义。前者受人尊敬，后者惹人生怨。

孔子这么说，并不是否定利益，只是反对人们以不正当的手段得到金钱和财富。他强调，如果财富可求的话，即使从事别人不愿从事的工作也去做，即不能唯利是图。

社会的进步，物质的丰富，离不开人们对物质享受的追求。所以，在今天，我们追求个人利益是合乎道德的。当然，这里的前提是不损害他人对利益追求的权利，即不损人利己。但是，从个人修养来说，淡漠的物质欲望仍是值得推崇的。一个脱离了庸俗趣味的人，一个有崇高理想和高雅志趣的人，对于物质享受都看得很淡。

　　许多人经商都以追求利益为最大目标，但真正的大商人却都信守"义、信、利"的经商哲学，将追求利润放在"义"与"信"之后，尤其不取违背良心之利。

　　如何看待义利关系，是见"利"忘"义"，还是"取予有义"，也是衡量商人们职业道德的标尺。我国古代商人刘淮在嘉湖一带购囤粮谷，一年大灾，有人劝他"乘时获得"，他却说，能让百姓度过灾荒，才是大利。于是，他将囤聚之粮减价售出，还设锅棚"以食饥民"，赢得了一方百姓的赞誉和信任，生意自然也日渐兴隆。

　　当前社会，在义利方面能给我们做出表率的，李嘉诚绝对算一个。

　　香港是一个自由贸易港，巧取豪夺而致富的人肯定是有的。所以李嘉诚认为，金钱的多寡并非衡量一个人价值的唯一标准。能像李嘉诚这样完完全全清清白白赚钱的，在商界中堪为楷模。

　　李嘉诚在巴拿马投资时，拥有集装箱码头、飞机场、旅馆、高尔夫球场以及大片土地，成为当地最大的海外投资商，巴拿马政府为表示感谢，拿出很多商人求之不得、一定可以赚大钱的赌场牌照，作为酬谢的礼物。面对送上门的钱财，他却婉言谢绝，对他们说：我对自己有个约束，并非所有赚钱的生意都做的。

　　巴拿马总理找到李嘉诚，说："你这么大的投资，我一定要给你，你有三家旅馆，随便你放在哪一家都可以。"盛情难却之下，李嘉诚做出妥协，决定不接受赌场牌照，但是在旅馆外面另外建独立的房子，给第三者经营，并且由第三者直接跟政府洽谈条件。他的公司只赚取租金，李嘉诚对他说："旅馆的客人要去哪儿我不管，但我的旅馆里，绝对不开设赌场。"

　　有人说，一般的商家，只能算作精明，唯有李嘉诚一类的商界超人，才具备经商的大智慧。舍小取大，李嘉诚是其中最聪明的人。而很多商人的目光只会停留在眼前利益，做生意不舍一分一厘，只求自己独吞利益。这恰是一时赚得小利，而失去了长远之大利。可谓是捡了芝麻，丢了西瓜。李嘉诚却正好相反，他舍弃了小利，而赢得了大利。

　　李嘉诚说过："如果一单生意只有自己赚，而对方一点不赚，这样的生意绝对不能干。"

　　李嘉诚认为，生意人应该利益均沾，这样才能保持久远的良好合作关系。如果光顾一己之利益，而无视对方的利益，只能是一锤子买卖，自己将生意做断做绝，以后再没有人找你做生意谈合作。

　　道理并不是深不可测，但为什么现实中能做到这点的寥寥无几？关键是在摆在眼前的现实利益面前，人们常把"道"放在次要的地位，能如李嘉诚于利中见义，自然可以脱颖而出。

第三章
求人之志
——有大志者成大器

黑夜里一艘船航行在茫茫的大海上，如果没有灯塔的指引，它就不可能找到方向和停靠的港湾，甚至一不小心触到礁石，还有灭顶的危险。人生一世就犹如夜里行船，而我们的志向和目标就是指引我们顺利到达成功彼岸的灯塔。

享受生活但不要被生活所累

绝嗜禁欲，所以除累。

禁绝无益的爱好，克制色欲的贪婪，这样可以让自己轻轻松松过一生。

红尘滚滚，熙熙攘攘。很多人整天奔波劳碌，以获取更多的金钱，再让自己沉浸在消费的快感中，填充自己物欲的沟壑。挣钱、消费构成了无限循环的生活链条。然而，很多时候，当我们拥有太多花钱买来的东西时，却忽略了不用花钱的享受。大自然、我们的人生都充满矛盾：有些东西看似毫不起眼，却无比珍贵，有些享受如此简单，众人却不知领略或无暇顾及。很多人过于热衷于纸醉金迷的声色犬马之中，真正的生活却被抛掷到了脑后。这不能不说是一种遗憾或悲哀。

翻开诗仙李白的《襄阳歌》，有一句叫"清风朗月不用一钱买"。

醒时的太白可能还想着建功立业，大展一番抱负，可酒后的太白肯定是最能体会人间极乐的，抛开一切，大自然的幽静和美丽给了他无限的享受。此时，他不再想着生不得志的抑郁和悲愤，只体悟着宇宙中取之不尽、用之不竭的如斯美景。

与此遥相呼应的是古希腊哲学家第欧根尼。一次，亚历山大大帝和哲学家邂逅，当时哲学家正躺着晒太阳。大帝说："朕即亚历山大。"哲人答道："我是狗崽子第欧根尼。"再问："我有什么可以为你效劳的？"答："请不要挡住我的太阳。"多么曼妙的回答。他该是和太白一样，也正在享受着不用一钱买的午后和煦的阳光。无怪乎亚历山大大帝当时叹道："我如果不是亚历山大，我便愿意我是第欧根尼。"

在古希腊，苏格拉底这个被雅典美少年崇拜的偶像，自己长得却像个丑陋的脚夫：秃顶，宽脸，扁阔的鼻子，整年光着脚，裹一条褴褛的长袍，在街头游说。走过市场，看了琳琅满目的货物，他吃惊地说："这里有多少东西是我用不着的！"是的，他用不着，因为他有智慧，而智慧是自足的。若问何为智慧，希腊哲人们往往反过来断定自足即智慧。

在他们看来，人生的智慧就在于自觉限制对于外物的需要，过一种俭朴的生活，以便不为物役，保持精神的自由。人已被神遗弃，全能和不朽均成梦想，唯在自由这一点上尚可与神比攀。

苏格拉底说得简明扼要："一无所需最像神。"柏拉图理想中的哲学王既无恒产，又无妻室，全身心沉浸在哲理的探究中。亚里士多德则反复论证哲学思辨乃唯一的无所待之乐，因其自足性而成为人唯一可能过上的"神圣的生活"。

明末文人洪应明在他的《菜根谭》中对这种涉身处世的行云流水般

的意念，有一些精妙的表述或形容：

风来疏竹，风过而竹不留声；

雁度寒潭，雁度而潭不留影。

故君子事来而心始现，事去而心随空。

这段话的意思是：当轻风拂过竹林的时候，竹子会发出刷刷的声响，但轻风过后竹林便变得寂静无声；当鸿雁飞渡清寒的潭面时潭水中会倒映出鸿雁的英姿，但鸿雁过后潭面上便不再有任何鸿雁的影子。所以修养高深的君子只有在事情到来的时候才显露出他的本性，表白他的心迹，事情一过去，他的内心也就立即恢复了空灵平静。

一个人达到了如此的境界，就会自得其乐，不会因得失荣辱而耿耿于怀。反之，就难以体验到工作与人生的乐趣；更严重者，则会执着于贪念，使人生面临着重重的危机。

不赚黑心钱不做一锤子买卖

原典

抑非损恶，所以禳过。

译文

面对诱惑时，抑制自己贪婪的念头，自然可以避免过失和灾祸。富

贵，功名，利禄，各种各样令人眼花缭乱的诱惑无处不在。

　　人都喜欢富贵而厌恶贫贱。然而富贵的求取、贫贱的摆脱，都应该经由正道。君子所应走的正道是什么呢？是"仁"。这种说法可能要让一些人失笑，他们认为这是与现实相脱节的。

　　富与贵的诱惑，摆脱贫贱的要求，其力量实在太大了，是许多人想用毕生的努力达到的。许多人就是因为抵挡不住"诱惑"和"要求"而不择手段，走上犯罪的道路。

　　子曰："富与贵，是人之所欲也，不以其道得之，不处也。贫与贱，是人之所恶也，不以其道得之，不去也。君子去仁，恶乎成名？君子无终食之间违仁，造次必于是，颠沛必于是。"

　　从一定意义上讲，孔子在这里讲的不仅是一个金钱观、人生观问题，更蕴含了当人面对眼前的诱惑时，该怎样进行选择这一现实命题。诱惑往往造成短视，因此，在许多时候，我们不应该认为吃亏就是傻；也不应该认为一时得了好处是走了大运，行得通，其实很可能因此而失去了得到更大好处的机会，甚至，你吃下的甜饽饽正是一个无法挣脱的圈套。

　　每一个人都关心自己的利益，上了当不可能无所觉察，受了损失不可能无动于衷。正如美国总统罗斯福所说："你能在某个时候欺骗某些人，但你不可能在所有时候欺骗所有人。"所以，损人利己的险恶之徒，迟早会自受其损，尤其是对于经商的人来说。

　　作为一个精明的人，被人称为"比猴子还要精"，你从不干"使自己吃亏的事情"，你总能把其他人"傻帽儿"般地骗得一愣一愣而不察觉。从小你就被认为是经商的料，"无商不奸，无奸不商"，经商似乎是你天才的职业，于是，长大后，你当了商人，准备大干一番事业，利用你精明的大脑，去大展你的宏图。但是，你失败了，你在商场上一再受挫。这是为什么？

其实原因很简单，只是因为你太过精明了，从而失去了别人对你的信任。你要记住诚实是成功的先决条件，因为别人并没有你想象得那么傻。在现代社会你一旦失去了信誉，那么你也就失去了一切成功的机会。

归根到底，这还是一个"德"的问题，一个成功的商人，必须具有良好的商业道德，必须以客户以消费者的利益为重。但还有一种"一锤子"买卖的做法，是想一脚上岸、一步到位，这种"商态"同样是不可取的。《庄子·列御寇》中有一个"纬萧得珠"的故事，说的正是第二种一锤子买卖的危害性。

古时候，在某地一条大河边，住着一户以经营草织品为生的商贩，他们每天把岸边人家用蒿草织成的草箱收购运到城里去卖，以此赚钱养家糊口，尽管做不大，但也能勉强维持一家老小的生计。有一天商贩的儿子纬萧在河里游泳，偶然从河底捞得一颗价值千金的龙珠。一家人十分高兴，纬萧对父亲说："你成年累月卖蒿箱，纵然是累断筋骨也只能是吃糠嚼菜，还不如到大河深处去捞龙珠，拿到市场去卖，必定发财！"

但商贩不同意儿子的意见，并对儿子讲了一通道理。做生意如同做其他事一样，不能只见树木不见森林，只看到暂时的利益而忽略潜在的危险。一分生意三分险，对每一种生意，我们既要考虑到赚钱的结果，也要考虑到赔钱的下场，即使在眼前利益十分诱人的情况下，也必须从坏处打算，掂量一下该不该冒这个风险。倘若觉得某一笔生意赚钱的可

能性很大，而且一旦赔了，损失最多只占资金的一部分，那么，这样的风险可以冒一冒；反之，一旦失败全盘皆输的风险，则绝对不可冒，况且你所得到的那颗龙珠，长在大河深渊黑龙的嘴里，你之所以能够得到它，是黑龙在沉睡的时候，不小心从嘴里吐出来的。一旦再下河去捞珠，遇见黑龙正愁不见偷珠的对象时，必然把你连骨头带肉吞到肚子里去，不仅捞不到珍珠，还会把性命赔进去。

当然，这仅是一则寓言。在商战中，从来就没有"搏到尽头"的可能，聪明的人总会客观分析事物，既能看到有利的一面，也会估计到不利的一面。商品社会市场经济永远充满变数，今天赚钱的东西，说不定明天就赔，今天热销的产品，说不定明天就会变成"死货"。因此，赚钱就赚清清白白干干净净的钱，要走正道，要放眼长远，绝不损人利己，做那些愚蠢的一锤子买卖。

贪酒恋色者亡国

 原典

贬酒阙色，所以无污。

 译文

远离酒色，人生才能像莲花一样出淤泥而不染，洁身自好，平安一生。

玩乐不上瘾，饮酒不贪杯，好色而不淫，是做人的一种境界。喝酒误事的情况常有，但在酒桌上不贪杯者鲜见。贪色之徒多是碌碌无为的愚蠢之辈，忠奸不分，庸贤不辨，凡能讨自己欢心，奉送美色者就重用之，除此之外一切都不重要。这样的人江山难保，事业也不会长久。

因贪恋酒色而亡国者，历史上不乏其人。

陈后主名叔宝，字元秀，是宣帝的嫡长子。太建元年，后主被立为皇太子。太建十四年正月甲寅，宣帝崩。三天后，太子在太极前殿即位。

当时的局面似乎比较稳定，后主便日益骄纵，不思外难，沉溺在酒色中，不理朝政。

后隋文帝得知此事，以替天行道之名欲灭之。

祯明三年春正月初一，朝会时，大雾弥漫。后主一直昏睡，该吃午饭时才起身。这一天，隋将贺若弼自广陵渡江，韩擒虎自横江渡江，利用清晨顺利地攻克了采石，进而攻下姑孰。这时贺若弼也攻下了京口，沿江戍守者望风而逃。贺若弼分兵切断通往曲阿的要道后，攻入曲阿城。采石戍主徐子建到京城告急。

很快，韩擒虎率兵自新林抵达石子冈，镇东大将军任忠投降，并引导韩擒虎由朱雀航到达宫城，自南掖门进入。城内的文武百官都逃出来了，只有尚书仆射袁宪、后阁舍人夏侯公韵侍奉在后主身边。

迫于无奈，后主在井中躲了起来。接着隋军士兵对着井口呼叫后主，

后主不应。他们便要往里面扔石头，这才听到后主的叫声。当隋军士兵用绳子把后主拉出井后，才发现原来后主与张贵妃在一起。

三月，后主与王公百官由建邺出发，来到长安。被宽赦后，隋文帝给了他丰厚的赏赐，几次引见，在三品官员的行列。每次有后主参与的宴会，隋文帝怕后主伤心，令乐队不奏吴地乐曲。后来，监守后主的官员报告道："叔宝说，既然没有官职，每次参与朝拜时，请求能有一品官的名号。"隋文帝说："叔宝全无心肝。"

监守官员又说："叔宝常沉醉，很少有醒的时候。"隋文帝让人限制他的饮酒，但接着又说："任其性，不然，何以度日。"不久，文帝又问监守官员叔宝的嗜好。回答说："嗜酒。""饮酒多少？"回答道："与子弟们一天能吃一石。"隋文帝大惊。

后主随从文帝往东方巡视时，登芒山，陪文帝饮酒，赋诗道："日月光天德，山川壮帝居。太平无以报，愿上东封书。"上表请文帝封禅，文帝答诏谦让不许。后来隋文帝来到仁寿宫，常陪同宴饮，到后主出去时，隋文帝看着他说道："此人败亡难道不是由于酒吗？有作诗功夫，何如思虑时事。当贺若弼渡江到京时，有人用密信向宫中告急，叔宝因为饮酒，便不拆阅。高颖进到宫中时，那封密信还在床下，未开封。这真可笑，这是天亡陈国，也是酒亡陈国。"

可见酒色这些东西，偶尔为之也未尝不可，但若像陈后主那样沉溺于其中，则轻者伤身，重者误事亡国，那才是名副其实的因小失大，得不偿失。

防人之心不可无

原典

避嫌远疑，所以无误。

译文

只有清醒地认识到周围环境的险恶，谨慎行事，才能避免误身误事。

世道艰难，仕途险恶。做人应该德行纯厚一点，但是不能做毫无防人之心的烂好人，善良也该有点分寸，把自己的仁义善良暴露在小人面前，就是在自取伤害。因此，记得提醒自己：生活是残酷的，害人之心不可有，防人之心不可无。

虽说人心向善，但由于环境使然，那"病入膏肓"的恶人在没有良心发现之前没有人知道他们的内心会有多么险恶。一般情况下，善良的人都是不设防的，在善良的人眼里，世间所有的人和事都应该是美好的。恶人有时恰恰会利用这一点，把善良人的本性当作他们手中的刀，为达到自己的目的去伤害善良的人。

东郭先生和狼的故事，广为人知。东郭先生对狼也讲仁义，结果险些送命。在生活中，如果行善不分对象，同样是错误的，会给自己带来很大的伤害。

现实生活中，因为缺少防人之心而受到伤害的事例也屡见不鲜。

　　工作勤恳，任劳任怨的张轻，进入目前的公司营销部后，一直努力工作，创造了不少佳绩。没想到，公司调来一位新经理，提出人事改革建议，而他的第一把火就烧到营销部头上，从部门主管到员工，全部换成新经理的嫡系部队，张轻被调到调研部做分析员。张轻怎么也想不通，无论工作态度还是业务能力，自己都没得说，以前曾共过事的现任副总还直说要提拔他做副手。可如今到底怎么了？自己究竟把谁得罪了？让他做梦也想不到的是，做出这个决定的正是他一直深信不疑的那位副总。

　　生活有美好的一面，也有严酷的一面。我们不能因为生活的严酷去否定生活的美好，我们也不能因为生活的美好而不去正视生活的严酷。

　　活在世界上，我们必须与各种各样的人打交道，一定会遇到许多风险。但是，如果缺乏对自己基本负责的态度，和对内外风险的防范之心，就可能造成生命财产、情感、事业等多方面的破坏。

　　如何保护自己，让自己的生活、事业等都得到必要保证，这就是基本的"生存智慧"。

　　"害人之心不可有，防人之心不可无"，就是我们的生存智慧之一。

　　这句中国人的"古训"，充分说明了对待他人的辩证关系：一方面，对待他人，不应该存有伤害之心；另一方面，当对他人没有足够了解时，需对他人有所防备，防备他人存有坑害自己的心。

　　战国时，楚王非常宠爱一位叫郑袖的美女。后来，楚王又得到一位新美女便喜新厌旧，把郑袖冷落到了一旁。郑袖是一个非常工于心计的女人，便暗暗筹划算计新美人。

　　郑袖先是想尽办法与新美人亲近。新美人对郑袖的热情没有任何怀疑，反倒心生感激。有一天，郑袖悄悄告诉美人：楚王心情不好时，如果看到女人掩鼻遮口的羞涩模样，就会开心。

新美人信以为真，每当楚王心情不好时，便做出掩鼻遮口的羞涩模样来。楚王觉得奇怪，郑袖乘机告诉楚王：新来的美人私下说，大王身上有臭气，见面时得掩着鼻子才行。

楚王一听，怒不可遏，便令人割掉美人的鼻子，赶出宫去。于是，郑袖又夺回了楚王的宠爱。

善良没有错，但是再善良的心也应该披上一件自卫的外衣。人生一世受伤是难免的，但无论如何不能让自己的善良成为他人手中的刀，反过来伤害了自己。

三人行则必有我师

原典

博学切问，所以广知；高行微言，所以修身。

译文

博学而多问，这样的人知识将更加广博。身处高位仍然谦虚慎言，这样才可以更好地修身。那些真正的学术大家几乎都保持这样的本色，尽管已经学富五车，但仍然谦虚好问。这是一种明智的学习方法，更是一种修养。

子曰："盖有不知而作之者，我无是也。多闻择其善者而从之，多见而识之，知之次也。"

"有这样一种人，可能他什么都不懂却在那里凭空创造，我却没有这样做过。多听，选择其中好的来学习；多看，然后记在心里，这是次一等的智慧。"

孔子认为，要想获取知识，就必须要多听多看。听人说话是一种学问，有一句话叫做"兼听则明，偏听则废"，如果只听某一方的意见，而忽视了与之对立的另一方，则很难得出正确的结论。要想明白事情的真正面貌，就必须两边的意见综合比较的听才行。

虚心求教、不懂就问的良好习惯，不仅体现出一个人良好的修养和深厚的内涵，而且在实际的学习和生活中，也会让自己受益匪浅，水平不断地得到提升。

"三人行，必有我师焉。择其善者而从之，其不善者而改之。"这句话，表现出孔子自觉修养，虚心好学的精神。它包含了两个方面：一方面，择其善者而从之，见人之善就学，是虚心好学的精神；另一方面，其不善者而改之，见人之不善就引以为戒，反省自己，是自觉修养的精神。这样，无论同行相处的人善与不善，都可以为师。

《论语》中有这样一段记载：

一次卫国公孙朝问子贡，孔子的学问是从哪里学的？子贡回答说，古代圣人讲的道，就留在人们中间，贤人认识了它的大处，不贤的人认识它的小处；他们身上都有古代圣人之道。"夫子焉不学，而亦何常师之有？"（《论语·子张》）他随时随地向一切人学习，谁都可以是他的老师，所以说"何常师之有"，没有固定的老师。

孔子的"三人行，必有我师"受到后代知识分子的极力赞赏。他虚心向别人学习的精神十分可贵，但更可贵的是，他不仅可以以善者为师，还可以以不善者为师，这其中包含着极为深刻的道理。

现在，我们理解"三人行，必有我师焉"为：能者为师。在我们的日常生活中，每天都要接触到许多人，而每个人都有许多长处值得学习，可以成为我们的良师益友。例如，在一个班级里，就有许多小"能人"：有的写了一手好字；有的擅长绘画；有的是象棋盘上的英雄；有的是篮球场上的闯将；有的阅读了大量的古今诗词；有的通晓中外地理；有的富有数学家般敏捷的思维；有的具有歌唱家的天赋……多向这些同学学习，不就可以使我们——这置身于万绿田中的小苗——增添一些知识的养分吗？

"三人行，必有我师焉，择其善者而从之，其不善者而改之"的态度和精神，也体现了与人相处的一个重要原则。随时注意学习他人的长处，随时以他人缺点引以为戒，自然就会多看他人的长处，与人为善，待人宽而责己严。这不仅是提高自己修养的最好途径，也是促进人际关系和谐的重要条件。另外这对于指导我们处世待人、修身养性、增长知识，都是很有裨益的。

虽然"三人行，必有我师焉"可以说是家喻户晓，可是人们并不是经常能够做到。人们常犯的一个通病，就是往往看自己的优点和他人的缺点多，看自己的缺点和他人的优点少；或者只看到自己的优点和他人的缺点，看不到自己的缺点和他人的优点；或者喜欢拿自己的长处与他人的短处比较。在与人相处中，就表现为对比自己优秀、比自己强的人不服气；宽于责己而严于责人；看不起有缺点和错误的人；拿正确的道

理当作手电筒，不照自己，只照他人。这样做，既阻碍了向他人学习提高自己的道路，也难免造成人际关系的不和谐，有的甚至会发生冲突。

所以，重温"三人行，必有我师焉。择其善者而从之，其不善者而改之"，认真领会它的深刻内涵，并且努力去做，还是很有意义的。

俭朴是一种高尚的品德

原典

恭俭谦约，所以自守；深计远虑，所以不彰。

译文

恭谨自持，勤俭节约，所以才能守身不辱；想得长远一点，深谋远虑，这样可以不至于困危。

宋儒汪信民曾说："得常咬菜根，即做百事成。"节制而俭朴的生活能磨炼意志，锻炼吃苦耐劳、坚韧顽强的精神，使人们在通往理想的道路上，披荆斩棘，奋勇直前。如果在个人生活上，迷恋于吃喝玩乐，既消磨人的意志，又会分散工作精力，这样的人必将难成大器，甚至会在生活中迷失方向。清朝的吴敬梓，虽终生未有功名，但其穷而不堕志，乐观陶然地在别人的"怜悯"眼光中做自己喜欢的一切。应该说，他们

的精神有某种相通之处。

春秋时期鲁国大夫御孙说："俭，德之共也。"俭朴的生活，可以使人精神愉快，可以培养人的高尚品质。生活俭朴的人具有顽强的意志，能经受得住艰苦的磨炼，胸怀开阔。无心于考虑物质生活，更不会受钱财的诱惑。物质生活条件的好坏，对他们来说，没有丝毫的影响。因此，这种人住在简陋的茅屋中，也有清新的生活情趣。

司马光是北宋的宰相，历史学家，名重一时，可是，他却从来不摆阔。他给儿子司马康的信中说："许多人都以奢侈浪费为荣，我却认为节俭朴素才算美。尽管别人笑我顽固，我却不认为这是我的缺点。孔子说：'奢侈豪华容易骄傲，节俭朴素容易固陋。与其骄傲，宁可固陋。'他又说：'一个人因为俭约犯过失的事是很少见的。读书人有志于追求真理，却又以吃粗粮穿破衣为耻辱，这种人是不值得和他讲学问的。'可见，古人是以俭约为美德的。现在的人却讥笑、指责朴素节约的人，这真是奇怪的事！"

司马光在信中批评了当时奢侈淫靡之风，并引述了几位以俭朴著称的人的故事。

宋仁宗时宰相张知白，当了宰相之后，其生活水平仍然像当年布衣时一样。有人说他："你收入不少，生活却这样俭朴，外面人说你是'公孙布被'呢！"公孙指汉武帝时期的宰相公孙弘，当时汲黯批评他："位在三公，俸禄甚多，然为布被，此诈也。"张知白听了这位好心人的话后说："以我的收入，全家锦衣玉食都可以做到。但是由俭入奢易，由奢入俭难。像我今天这样的收入，不可能永远维持。一旦收入不如今天了，家人又已过惯了奢侈生活，那怎么得了呢？无论我在不在职，生前

死后，我们都保持这个标准，不受影响，不是很好吗？"

张知白确实是深谋远虑的，他看到了别人平时想不到、看不到的地方。

鲁国的大夫季孙行父，曾经在鲁宣公、鲁成公、鲁襄公在位时连续执政。然而，他的妻妾没有穿过丝绸衣服，他家里的马没有用粮食喂过。别人知道后，都说他是忠于公室的。

晋武帝时的太尉何曾，生活十分奢侈豪华，每天吃饭就要用一万钱，还说没有下筷子的地方。他的子孙也极其奢侈，结果都一个个破了家。到了晋怀帝的时候，"何氏灭亡无遗焉。"

司马光说，这样的事例是举不胜举的。他希望司马康不但自己记住这些事例和道理，身体力行，而且还要向子孙后代进行这样的教育。

是俭是奢，这不仅是一个人的自我修养或品德问题，更是一种对生活的态度问题，真正的智者总能宁俭不奢，不仅一生平安快乐，也能留下令人景仰的美名。综观古今，那种追求奢华、生活糜烂的人，到头来总落得身败名裂，走向肉体和灵魂的双重深渊。

交友是一门大学问

 原典

亲仁友直，所以扶颠；近恕笃行，所以接人。

第三章　求人之志——有大志者成大器

译文

　　有仁慈、正直的朋友相伴左右，这样可以在逆境中得到帮助。接近那些正直忠诚的人，并原谅、宽恕他们的不敬和冒犯，这是待人处世之道。

　　所谓"近朱者赤近墨者黑"，判断一个人的人品，首先要看他有什么样的朋友，这是千古不变的道理。

　　子曰："益者三友，损者三友。友直，友谅，友多闻，益矣。友便辟，友善柔，友便佞，损矣。"

　　这里孔子教了我们交朋友的标准。有三种朋友是有益的，当然这里的益不是利益，而是对辅助自身的仁德修养有益。分别是正直无邪的朋友，诚实守信的朋友，知识广博的朋友。这样的朋友，交多少个都不嫌多。另外有三种人，是不宜结交的，和他们相处久了，近墨者黑，会有损自身的品德修养，分别是谄媚逢迎的人，表面奉承而背后诽谤的人，善于花言巧语的人。孔子千年前的教诲到现在依然闪耀着智慧的光芒，值得我们时刻谨记于心。首先，我们要学会判断，什么是益友。然后还要学会克制自己的虚荣，因为这三种损友，都是善于说好听的话，惯常讨人喜欢的，而谁都喜欢被人奉承，喜欢听顺风话，所谓"良药苦口利于病，忠言逆耳利于行"，要做到"闻过则喜"，不是件简单的事情。

　　要学会判断什么人是自己真正的朋友，是一门大学问。战国时的名相蔺相如在宦官缪贤的门下做舍人的时候，缪贤曾经有罪，暗地里打算逃往燕国。蔺相如问他："您怎么知道燕王一定会收留您呢？"缪贤回答说："我曾经跟随赵王与燕王会见于边境之上，燕王私下里握着我的手

说，愿意和我深交。因此，我想逃往燕国。"蔺相如阻止他说："赵国强大，燕国弱小，而您当时又被赵王宠爱，所以燕王想同你深交。现在您是逃出赵国去往燕国。燕王害怕赵王，他必定不敢收留你，而且恐怕会把您捆绑起来送还赵国。您不如脱衣露体背着斧子去向赵王请罪。只有这样，才能幸免。"缪贤听从了蔺相如的计策，果然获得了赵王的赦免。

春秋时晋国的中行文子逃亡，经过一个县城。侍从说："这里有大人的老朋友，为什么不休息一下，等待后面的车子呢？"文子说："我爱好音乐，这个朋友就送我名琴；我喜爱美玉，这个朋友就送我玉环。这是个只会投合我来求取好处而不会规劝我改过的人。我怕他也会用以前对我的方法去向别人求取好处。"于是迅速离开。后来这个朋友果然扣下文子后面的两部车子献给他的新主子。

蔺相如能在燕王的殷勤中看出祸患，救了缪贤一命；中行文子在落难之时能够推断出"老友"的出卖，避免了被其落井下石的灾难，这让我们悟出一个道理：锦上添花的朋友未必是真朋友，当某位朋友对你，尤其是你正处高位时，刻意投其所好，那他多半是因你的地位而结交你，而不是看中你这个人本身。这类朋友很难在你危难之时施以援手。

东晋的大将军王敦，生前权势熏天，向他卖乖讨好的人遍地都是，其中王舒是最殷勤的一个，而有个叫王彬的太守，独独不买王敦的账，王敦对王彬很是不满，于是两人交恶。后来王敦死后遭到清算，他的家人王含想去投奔王舒。王含的儿子王应则劝他去投奔王彬。王含说："大将军平时同王彬的关系怎么样？你还想去归附他！"王应说："正是因为这样，所以才应当去投奔王彬。江州王彬面对着别人的强盛，能不趋炎附势，这不是一般人的见识所能比得上的；他看到别人衰败危急的时

候，必定产生慈悲怜悯之心。荆州王舒，做事墨守成规，又怎能破格行事呢？"王含没听儿子的话，投奔了王舒。王舒终于把王含父子沉没到江中。而王彬当初听说王应要来投奔自己，便偷偷地准备了船只在江边等候。没有等到王含父子的到来，王彬深深地感到遗憾。

能够雪中送炭的朋友，才是真朋友。在危难时，曾被怀疑的朋友往往成为救星，十分"信赖"的朋友却往往背叛你。这是因为人在有权得志的时候，有些小人会看中你的权势而虚伪地拍马，他们不讲原则地百般迎合，而真正的朋友怕你吃亏，则会以诚来告诫你。

合适的就是最好的

原典

任材使能，所以济世。

译文

任用人才的时候如果能做到量才适用，那就可以有大的成就。

清代思想家魏源讲过这样一段话："不知人之短，不知人之长，不知人之长中之短，不知人之短中之长，则不可以选人。"所以，作为人事管理者，在用人上，一定要深知人，并且要善选人。比如，对于遇事

爱钻牛角尖者，你不妨安排他去考勤；对于脾气太犟、争强好胜者，你可以安排他去当攻坚突击队长；对于办事婆婆妈妈、爱"蘑菇"者，你最好让他去抓劳保；对于能言善辩喜聊天者，你可以让他去搞公关接待。

在日常的人事管理当中，如果坚持了这一原则，将能使组织发挥出最高效能。

在现实当中，关于什么是人才，存在一定误解，很多企业曾经在人力资源选拔上深陷在学历、能力经验、素质等硬性条件中不能自拔。从初中到高中、中专再到大专、本科，现在动不动就是研究生、博士了。当然，社会上人们学历的普遍提高，反映出教育的发展和全社会人口素质的提高。在社会大环境的影响下，很多企业管理者在选人时开始追求高学历，他们认为学历就等于能力，学历高能力就高。然而，有经验的管理者都知道，事实上并非如此。

其实，学历只能证明一个人过去受教育的程度，并不能说明他就学识渊博，也不能因此就认定他能力非凡。学历与能力之间不一定成正比，有学历不一定有能力，学历低也不一定能力低。也就是说，学历并不代表学识，能力才是最重要的。

有能力而无学历的智者，可以说不胜枚举，如美国著名发明家爱迪生、瑞典大科学家诺贝尔、俄国文学大师高尔基，还有当代集企业家、发明家于一身的IT界精英，世界第一首富比尔·盖茨也是大学没毕业，这些人都是没有高学历的人，但是他们举世公认的非凡成就，是无人能够匹敌的，我们能说他们没有能力吗？

相反，在现实生活中，许多拥有高学历的人，他们却能力平平，一事无成，毫无建树。

　　很多企业家认为，招聘人才的目的不是用他的高学历、高素质、丰富经验来作为摆设和炫耀，而是希望他们的学历、素质、经验能够为企业所用，给企业带来价值。如果不能实现这个目标，那高学历、高素质、丰富经验与无用便是等同，因此，适合才是最重要的，适合岗位的需要才是最重要的。

　　让一个手无缚鸡之力的书生上马杀贼，则书生肯定不是好的人才，但是如果让书生写奏章，作诗赋，则立刻显示出他的专业优势，说不定倚马千言可待。

　　这样说来，一个人是不是人才，倒并不是由他自身决定的，而是由选择他的人决定的，看这个选择的人有没有能力将他放在合适的位置上。因此，我们也就不难理解为什么我们经常看见在一个企业不怎么突出的人，换个环境就脱胎换骨了。

　　很多事实都可以证明，学历只是表明了一个人的学习经历。多煲了几个时辰的未必都是靓汤，多读了几年书，未必人人都已修成屠龙正果，个个都是经天纬地之才。在很多单位，"高学历"并没有发挥大作用，更没有带来"高回报"。

　　学历只是选人的一个因素，并不是选拔人才的全部或者唯一手段。企业在选人时，绝不要戴着有色眼镜，只要他能拿出良好的可行性计划，只要他是有能力的人，无论什么学历都可以用。对那些没有为企业做贡献拿着张文凭就讲条件的人，英明的企业领导者的回答就是 NO！

悲剧已经发生不要再重蹈覆辙

原典

推古验今，所以不惑。

译文

用古人的经验指导今天的行为，这样才能明辨是非，远离灾祸。

如果社会充满浮躁的气氛，那么身处其中的人们就很容易迷失自我，恣意妄为。他们目空一切，把先辈们留下的明训忘之脑后，以至于"前车倒了千千辆，后车到此还复然。"这样下去，人们永远都是糊里糊涂地生活，也永远没有进步的时候。

功名利禄的诱惑实在是太大了，以至于太多的人在逐权的道路上折戟沉沙，更多的后来人不思悔悟。这样的悲剧不知要到什么时候才能结束。

在这个问题上，一个女人给我们上了很好的一课。

后汉孝明帝的皇后是伏波将军马援的小女儿，十四岁入太子宫为太子妃，明帝即位后册封为皇后，儿子章帝即位后，因为年纪小，马皇后临朝称制，处理国家大事，史称明德马后。

章帝和自己的几个舅舅感情很好，便想依照惯例，封自己的几个舅舅为侯，太后却坚决不同意。

章帝向母亲请求说："从西汉以来，国舅封侯和皇子封王已经是国家的制度，您自持逊让却要让儿子背上亏负舅家的名声。"并举早在新中国成立初期，阴、郭两家的国舅都得以封侯的例子。

马太后耐心解释说："我并不是想得谦让的美名，让皇上落个刻薄的名声，而是鉴于西汉那些后族几乎没有不因荣宠过盛而导致灭亡的，阴、郭两家乃是先皇的后族，我也不敢比，先帝在封皇子为王时，国土和赋税收入比较建武时期减少了一半，我曾问过先帝为何这样做，先帝说：'我的儿子怎敢和先皇的儿子一样。'此言我一直铭记，然则我的娘家又怎敢和阴、郭这些开国的后族相比。"

这一年大旱，有一名投机官员想趁势讨好皇上和后族，便上奏说天灾乃是因为不封国舅为侯之故。

马太后看后大怒，下诏严词斥责："你不过是想讨好我而已，怎敢妄言天灾与不封侯有关。汉成帝时，一日之间封王家五人为侯，当时大风拔树，黄雾四塞，这才是天灾示警，乃是后族过盛，乾纲不振之故，终于导致王莽篡汉之祸，从没听说后族谦逊守礼而导致天灾的。"大臣们见太后执意坚决，便没人再敢做这种投机生意了。

章帝总觉得舅舅不封侯，自己心有愧疚。大臣们碰了钉子不敢说话，便亲自向母后苦苦哀求："舅舅们年纪都大了，身体又多病。万一有所不讳，生前得不到封典，儿子可要抱憾终生了。"

马太后虽然心里不愿意，但实在拗不过儿子，只好同意章帝封自己的兄弟们为侯，常为此郁郁不乐。

临下诏册封的前一天，马太后把自己的兄弟们召进宫，告诫他们切忌权势过大，自蹈覆亡之祸。

马太后的兄弟们体会到太后的良苦用心，第二天接受封爵后，便坚决辞去在朝中的职务，以列侯归第。

后汉选择皇后大多是开国功臣之家，主要是邓、马、窦、梁四家，而邓、梁、窦之族因权势过盛而遭灭门之祸，只有马氏一族谨守礼节，不敢稍有逾越，得以保全。

明德马皇后能深明古今成败大义，在她在位期间，始终压制自己娘家的势力，既不是不爱富贵，更不是不愿意娘家与自己同享富贵，而是深知富贵乃祸患之门，稍有闪失便会有不忍言之大祸，真是明理达义。

东汉的思想家王符曾经有个很精彩的比喻，他说：君主娇宠自己喜爱的贵臣和一般人养育婴儿犯同样的过错，人们喂养婴儿总是担心他吃不饱，尽量多给奶水吃。君主娇宠贵臣也总是嫌给予的权力不够大，财物不够多，所以无限制地赏赐财物，增大权柄，而婴儿因吃得过饱经常生病甚至夭折，贵臣也因权势过盛，财物过多而积成罪恶，经常会招来祸患甚至灭亡。比喻浅显通俗，可谓一语中的。推古验今，所以不惑，"后人到此宜明鉴"。

多算胜少算不胜

 原典

先揆后度，所以应卒。

译文

在做事之前多一些谋划，这样才能处乱不惊，临危不乱。这就是高明的管理和做事之道。

看高手下棋，绝对是一种享受。每一步都走得恰到好处，而且为下一步甚至是下几步如何去走都做好了铺垫。这不是随手拈来的棋路，他们在走每一步时都做到精确的算计，整个棋路的发展都在他们心中把握着，这样胜算的机会就大得多。

做事如下棋，一个有作为的人做出每一个行动之时都会有精准的预测。他们会预测到这个行动将会带来什么后果，以及如何利用这个后果再采取下一步的行动。拥有了这种能力，对人整个事业的发展将会起到至关重要的作用。

《孙子》中说："多算胜，少算不胜，由此观之，胜负见矣。"这里的"算"是指"算计"，也就是事前充分的计划。算计多的一方稳操胜券，而算计较少的一方则难免见负。

战术要依情势的变化而定，整个战争的大局，必须要有事先充分的计划，战前的计划多，才会获胜，计划少则不易胜利，这就是计划求胜的道理。

没有把握的战争不可能一直侥幸获胜，终究会碰到难以克服的障碍。因此，在管理的过程中，当我们要有什么行动时，最好还是经过精确的算计后，有制胜的把握再动手，也就是有了比较大的"胜算"再行动。

　　在任何时代任何国家，有资格被尊为"名将"的人，都有个大原则，即不勉强应战，或者发动毫无胜算的战争。如三国时的曹操便是一例。他的作战方式被誉为"军无幸胜"。所谓的"幸胜"便是侥幸获胜，即依赖敌人的疏忽而获胜。实际上，曹操的制胜手段绝非如此，而是确实掌握相当的胜算，依照作战计划一步一步地进行，稳稳当当地获取胜利。

　　虽说要经过精确的算计才能获胜，然而管理活动是人与人之间的"战争"，所以不可能有完全的胜算。因为其中包含着许多人为的因素，诸如情感因素在内，所以不可能有完全的胜算，无法确实地掌握。不过，我们可以把握一个原则，即至少要有七成以上的胜算，才可以行事。

　　而要做到有把握，就必须知彼知己。话虽然很容易理解，实际做起来却颇难。处于现代社会中的管理者，均应以此话来时时提醒自己，无论做何种事均应做好事前的调查工作，确实客观地认清双方的具体情况，才能获胜。

　　经营管理有时候还是需要运用"不败"的战术来稳固现况。就像打球一样，即使我方遥遥领先，仍需奋力前进，掌握得分的机会。荀子说："无急胜而忘败。"即在胜利的时候，别忘了失败的滋味。有的人在胜利的情况下得意忘形，麻痹大意，结果铸成意想不到的过错。须知"祸兮福之所倚，福兮祸之所伏"，在任何情况下，都要预先设想万一失败的情况，事先准备好应对之策。拿企业经营来讲，一个企业管理者在从事经营时，必须事先设想，做最坏的打算，拟好对策，务必使损失减至最低限度。如此一来，即使失败了也不会有致命的伤害，这一点至关重要。

就管理者个人来讲，如果有了心理上的准备，情绪上就会放松，遇到问题也会稳稳当当地解决。

一个优秀的管理者必须拥有思维缜密的习惯，在采取行动之时，把每一步都精确地算计好，至少有七分胜算才可行动做事，这样才能避免在整个大势上出现差错。"一着棋错，满盘皆输"，这句名言管理者不可不记。

不管别人怎么说，只管专心做自己的事

 原典

橛橛梗梗，所以立功；孜孜淑淑，所以保终。

 译文

坚守自己的信念，不为外界所干扰，这样才能有所作为。孜孜以求，勤恳敬业，这样才能善始善终。

在开放的社会与生活中，人人都有自己远大而宏伟的目标；但无论你所树立的是怎样的理想，信念坚定、不以物移，应该是必须坚持的原则。只有如此，才会使自己理想的实现，不会一直遥遥无期。

常言道："谁人背后无人说，哪个人前不说人。"人与人相见，三两

句话就说起别人来了，这是很平常的事；而且越是有名的人，甚至越是伟大的人物，毁或誉也就越多。一个真正干事业的人，不应轻易相信别人的议论，不要计较别人的毁誉，而是应该专心干自己的事，踏实走自己的路。同时对于别人，也不应当因个人恩怨进行不切实际的诋毁和赞誉。这既是一种做人的道德原则，也是一种处世的方法和策略。

在这方面，汉末时管宁"志于道"的坚定信念，可以给我们带来一些有益的启示。

管宁，字幼安，北海朱虚人，生于延熙元年（158 年），卒于正始二年（241 年）。

管宁家里很穷，而且他十六岁时就死了父亲，亲戚朋友可怜同情他，赠送了许多财物让他葬父，可是管宁一文不取，只凭借自己的实际财力安葬了父亲。

管宁好学，结交了几个后来很著名的学友，一个叫华歆，一个叫邴原，三个人很要好，又都很出色，所以当时的人把他们比为一条龙，华歆是龙头，邴原是龙腹，管宁是龙尾，他们最尊敬的大学者是当时的名人陈仲弓，陈仲弓的学识行为成了他们的追求目标。当时，他们求学的时候，常常是一边读书，一边劳动。有一天，华歆、管宁两个，在园中锄草，说来也巧了，菜地里头竟有一块前人埋藏的黄金，锄着锄着，黄金就被管宁的锄头翻腾出来了。华歆、管宁他们平日读书养性，就是要摒除人性中的贪念，见了意外的财物不能动心，平时也以此相标榜。管宁见了黄金，就把它当作了砖石土块对待，用锄头一拨就扔到一边了。华歆在后边锄，过了一刻也看见了，明知道这东西不该拿，但心里头不忍，还是拿起来看了看才扔掉。过了几天，两人正在屋里读书，外头的

街上有达官贵人经过，乘着华丽的车马，敲锣打鼓的，很热闹。管宁还是和没听见一样，继续认真读他的书。华歆却坐不住了，跑到门口观看，对这达官的威仪艳羡不已。车马过去之后，华歆回到屋里，管宁却拿了一把刀子，将两人同坐的席子从中间割开，说："你呀，不配再做我的朋友啦！"

汉末天下大乱之后，人的生命财产都不能保障，中原一带就更没法再待下去了。管宁、邴原还有王烈几个人相约，到比较安全的辽东去避难。当时辽东太守是公孙度，很有统治能力，而且辽东地理位置偏僻，战乱没有波及，是当时一个理想的避难地。至于管宁几个人，在中原的名气很大，公孙度是知道的，所以对他们的到来非常欢迎，专门腾出驿馆请他们居住。见了公孙度，管宁只谈了谈经典学术，对当时的政治军事局势闭口不谈。拜见过公孙度以后，管宁没有再住驿馆，而是找了一处荒山野谷，自己搭个简易房子、挖个土窑居住。公孙度死后，他儿子公孙康掌了权，野心比他父亲还要大，成天想着海外称王的美事。他想给管宁封个官，让管宁辅佐他，可是慑于管宁的贤名，硬是开不了口。曹操做司空后，下令征辟管宁入朝，公孙康把诏命压下不宣布，管宁当然也不会知道了。中原局势稳定以后，许多流民都返乡了。但管宁依然不动，安居辽东。

不久辽东的局势也有了变化，公孙康死后，他弟弟公孙恭继位，这个人身体有病，生性懦弱，没有统治能力，而公孙康的私生儿子公孙渊偏偏是个雄才，不安于下位。管宁看到辽东快要乱了，这才带着家属乘船回中原。公孙恭亲自送他，赠送了许多礼物，管宁先收了，出发时，连同以前公孙度、公孙康的赠物，全部留下来，一芥不取，保持了清白

本性。算起来，他在辽东整整生活了三十七年。

　　船队在海上航行时，遇到风暴，大部分船都沉没了，管宁坐的这只船也很危险，但是管宁从容不迫，好像没发生事情一样。这时，奇迹发生了，夜幕中突然出现了一点亮光，给船只指引方向，到达了一处荒岛，这才转危为安。当时人们发现，岛上没有居民，也没有点火的痕迹，这光是从哪里来的呢？人们把它解释为奇迹，并说这是管宁的"积善之应"。

　　管宁的回乡，名义上是奉了魏文帝的征辟诏书，实际上是躲避即将到来的辽东之难。但回到故乡以后，魏文帝就下诏封管宁为太中大夫，管宁坚决推辞，说自己老了，实在没什么才能，要求皇帝放过他。可是皇帝偏偏不肯放过他，魏文帝死后，魏明帝又多次征召他，华歆、王朗、陈群等朝中大臣更是反复地推荐管宁，华歆还提出把自己的太尉之位让予管宁。管宁呢，则是一律推辞，到死也没有答应出仕。

　　当然，要求现代人去像管宁那样做，无论从哪方面说都有些不符合实际。但他那种即使是"务虚"也坚定不移的精神，应值得我们去学习。现代社会物欲横流，无处不在的诱惑常常使我们陷入犹豫和迷失之中，令我们向着目标的努力半途而废。所以，从这个意义上讲，淡泊明志，不以物移，确实是成就一番远大事业的保证。

　　人贵有志。但"志"对于人来说，不能仅仅作为一个符号和标记。人一旦树立了远大理想和生活目标，就要对它负责；这同时也是对自己负责，在追求事业理想的过程中，坚毅自信、果敢不疑，不随波逐流，不轻信盲从，这些都是必要必需的品质。倘若总在口头上谈理想谈得眉飞色舞，临到阵前却又害怕艰苦，埋怨没有锦衣玉食，那么这种人要么

是懦夫，要么是伪君子，不仅不宜与之"论道"，甚至连与之交友都要三思。而对于自身，更要时时自查自省，看自己是否也有类似的毛病，以防影响自己前进的步伐。

第四章

本德宗道

——懂得权变与操控

世事如棋局般简单，又如棋局般复杂。所以无论做人还是成事，懂点权变和操控之术是有必要的，这一方面有助于我们更好地达到目标，另一方面也可以有效地避免灾祸缠身。诚如黄石公所言，在运用权变和操控之术的时候一定要遵循它的基本原则：本德宗道——以德为本，以道为宗。

谋略的运用重在不显山不露水

原典

夫志心笃行之术。长莫长于博谋。

译文

在做人做事的过程中，最大的智慧莫过于对谋略的正确运用了。所谓"先谋后事者昌，先事后谋着亡"，在事前就做好谋划，在做事的过程中又能恰如其分滴水不漏地运用，这就是高人。

老子在其《道德经》中特别赞赏这样一类人："上德若谷，大白若辱，广德若不足，建德若偷"。即在平日里很少"显山露水"、抢风光，这类人表面上看上去很不显眼，然而他们却能在暗中默默地将事情完成，丝毫不张扬。能做到不显山不露水，并且最终达到自己的目的，这是对谋略家们最基本的要求。

做事太张扬，虽然能够显得自己高人一头，然而却能引来众多人的妒忌，让别人也更关注自己的一举一动（确切地说是更关注我们的失

误），这样就会给日后自己的工作带来众多的压力和不便。

清朝皇帝雍正也曾这样认为："但不必露出行迹。稍有不密，更不若明而行之。"雍正不但是嘴上这么说，在他的执政生涯中也是如此做的。

在雍正皇帝之前，历代王朝都以宰相统辖六部，权力过重，使皇帝的权威受到了一定影响，如果一个君王有手腕驾驭全局，使宰相为我所用，这当然很好。但如果统领军队的宰相超权行事，时间一长便很容易与皇帝、大臣们产生隔膜和分歧，容易给国家添乱子、造麻烦。

在雍正即位之初，虽然掌管着国家的最高权力，但举凡军国大政，都需经过集体讨论，最后由皇帝宣布执行，不能随心所欲自行其是；权力受到了制约，皇位受到了挑战。雍正设置军机处，正是把自己推向了权力的金字塔顶端。简单地说，就是皇帝统治军机处，军机处又统治百官。

军机处还有一种职能，即充当最高统治者的秘书的角色，类似于情报局，有很强的保密性。军机处的由来，是在雍正七年（1729 年）六月清政府平息准噶尔叛乱时产生的。雍正密授四位大臣统领有关军需事务，严守军报、军饷等军事机密，以致二年有余而不被外界熟知，保持了工作的高效运转和战斗的最终胜利。

雍正对军机处管理得特别严密。他对军政大臣的要求也极为严格，要求他们时刻同自己保持联系，并留在皇帝最近的地方，以便随时召入宫中应付突发事件。军机处也会像飘移的帐篷一样随皇帝的行止而不断改变。皇帝走到哪里，"军机处"就设在哪里，类似于我们现在的现场办公。在当今，雍正的这些创造，已经渗透到我们的日常工作当中，并产生了不可低估的社会价值。

雍正的第二大特点是对军机处的印信管理得非常严密。印信是机构的符号和象征，是出门办事的护身符和通行证。军机处的印信由礼部负责铸造，并将其藏于军机处以外的地方，派专人负责管理。当需用印信时，必须报告皇上给予批准，然后才能有军机大臣凭牌开启印信，在众人的监视下使用，以便起到相互制约的作用。

设立"军机处"起到了意想不到的效果，以前每办一件事情，或者有关的奏折，要经过各个部门的周转，最后才能够送达皇上。其中如扯皮、推诿、拖沓的官场陋习使办事效率极为低下，保密性能也差，皇上的口气无法贯穿始终。而自从设立军机处以来，启动军机大臣，摆脱了官僚机构的独断专行，使雍正的口谕可以畅通无阻地到达每一个职能机构，从而把国家大权牢牢地控制在自己手里。

设立"军机处"，将"生杀之权，操之自朕"的雍正推向了封建专制权力的顶峰。"军机处"由于在皇上的直接监视下开展工作，所以处处谨小慎微，自知自律，奉公守法，营造了一种清廉的官场形象。"军机处"的设置，保证了中央集权的顺利实施，维持了社会的相对稳定和统一，避免了社会的动乱和民族的分裂，推动了社会的繁荣和发展，具有一定的社会积极意义。

无论是在雍正的正史或野史的记载中，雍正帝都是一个喜欢秘密行事的皇帝，然而这也正是他高明、智慧的一方面，故而在他死后的乾隆年间，才会出现康乾盛世的局面。

无论是做人还是处事，若想取得最大限度的成功，首先不要过分暴露自己的意图和能力。唯有这样，事情办起来才不会出现众多人为的障

碍和束缚，办起事来就会产生事半功倍的效果；反之，我们将会受到许多意想不到环节的人为阻挠，事情办起来就会很难成功了。

小不忍则乱大谋

原典

安莫安于忍辱。

译文

要想做到平安无事，最好的办法莫过于忍辱负重了。

大凡有人的地方，就会有矛盾。世界这么小，你不碰我，我还会碰你，关键是如何看待，如何处理。得饶人处且饶人，相逢一笑泯恩仇。一张笑脸，一句诚恳的道歉，就能化干戈为玉帛，冰释前嫌，何必为区区小事而斤斤计较、耿耿于怀呢？

没有爬不过去的山，也没有蹚不过去的河。忍一时的委屈，可以保全大家的宁静、和谐，并不损失什么，反而还会赢得一个更为宽阔的心灵空间。何乐而不为呢？

"小不忍则乱大谋"，这句话在民间极为流行，甚至成为一些人用以告诫自己的座右铭。的确，这句话包含有智慧的因素，有志向、有理想

的人，不会斤斤计较个人得失，更不应在小事上纠缠不清，而应有广阔的胸襟，远大的抱负。只有如此，才能成就大事，从而达到自己的目标。

那么，到底要忍什么？

苏轼在《留侯论》中说："忍小忿而就大谋。"这是忍匹夫之勇，以免莽撞闯祸而败坏大事。

忍小利而图大业。这是"毋见小利。见小利，则大事不成。"

忍辱负重。勾践忍不得会稽之耻，怎能卧薪尝胆，兴越灭吴？韩信受不得胯下之辱，哪能做得了淮阴侯？

因此，在中国传统的观念里，忍耐也是一种美德。这一观点尽管与现代这种竞争社会不合拍，但是，很多学者已经发现，中国传统文化里有些东西并没有过时，相反，其中的学问博大精深，如果运用于现代人的生活，必将使人们受益匪浅。其中，忍耐就大有学问，忍耐包括很多种。当与人发生矛盾的时候，忍耐可以化干戈为玉帛，这种忍耐无疑是一种大智慧。

唐代著名高僧寒山问拾得和尚："今有人侮我，冷笑我，藐视自我，毁我伤我，嫌我伤我，嫌我恨我，则奈何？"拾得和尚说："子但忍受之，依他，让他，敬他，避他，苦苦耐他，装聋作哑，漠然置他，冷眼观之，看他如何结局？"这种忍耐里透着的是智慧和勇气。

人生不可能总是风调雨顺，当遇到不如意、不痛快，甚至是灾难时，一个人的忍耐力往往就能发挥出奇制胜的作用。很多时候，因为小地方忍不住，而害了大事，这是得不偿失的。

三国时，诸葛亮辅佐刘备在祁山攻打司马懿，可司马懿就是不出来应战。诸葛亮用尽了一切手段，极尽所能地侮辱司马懿，但司马懿对诸

葛亮的侮辱总是置之不理。总之，司马懿就是不出来与诸葛亮交锋。等到诸葛亮的粮食吃完了，不得不退兵回蜀国，战争就这样结束了。诸葛亮六次出兵祁山，每次都是无功而返。司马懿之所以不战而胜，就是因为一个"忍"。

与别人发生误会时的忍耐，那只是一时的容忍，比较容易做到。难得的是在漫长时间里，忍受着各种各样的折磨，而只为完成心中的理想。这种忍耐力是难能可贵的，但也是做人最应该拥有的一种能力。

忍一时风平浪静，退一步海阔天空。忍耐不是目的，是一种策略，但并不是每个人都能做到忍耐。人们常说，忍字头上一把刀。这把刀，让你痛，也会让你痛定思痛；这把刀，可以削平你的锐气，也可以雕琢出你的勇气。

有人说，忍耐就是一种妥协。其实，妥协不是简单地让步，而是在知己知彼的基础上达成一种共识。不管是生活，还是工作，妥协都不仅仅是为了"家和万事兴"、"安定团结"，而且还隐藏着一种坚持，这种坚持实际上就是一种坚定的决心。

大庭广众之中，众目睽睽之下，如果互相谩骂攻击，不仅有伤风化，使你斯文扫地，还破坏了社会的文明形象。当然，有时要做到忍，也的确不易。虽然忍耐是让人痛苦的，但最后的结果却是甜蜜的。因此，遇事要冷静，要先考虑一下后果，本着息事宁人的态度去化解矛盾，我们就不至于为了一些鸡毛蒜皮的小事而纠缠不清，更不会使矛盾升级扩大。

人，贵在能屈能伸。伸，很容易，但屈就很难了，这需要有非凡的忍耐力才行。只要这个人真正有智慧，有才干，不管他忍耐多久，终究会有出头之日，而且他的忍耐力反而会更加富有魅力和内涵。人生很多时候都需要忍耐，忍耐误解，忍耐寂寞，忍耐贫穷，忍耐失败。持久的忍耐力体现着一个人能屈能伸的胸怀。人生总有低谷，有巅峰。只有那些在低谷中还能坦然处之的人，才是真正有智慧的人。走过低谷，前面就是海阔的天空。回过头来，那些在低谷里忍耐的日子，那些在苦难中挣扎的日子，那些在寂寞里执着的日子，都会显得弥足珍贵。

忍耐，这是一种宝贵的人生财富！

做大事者品格培养是中心课题

 原典

先莫先于修德。

 译文

无论做人做事，但凡想有所成就，首先应该做的是修养自己的德行，努力让自己成为一个道德高尚的人。

成功的标准不止一个，成功的路也不止一条。但要到达成功的终点，就必须有良好的德行修养。古人说：有德有才是圣人，有德无才是君子，无德有才是小人，无德无才是愚人。那些无德有才之人走了狗屎运也有

可能一不小心收获些小成就，但那是不可能长久的，最终，他们会因为自己作恶多端而付出代价。

佛家说"境由心生"，也就是说，一个人要想成功，首先要在心里做个"圣人"，要修炼圣人的德行，然后才能在社会上取得成就。

古代人敬重有"德"之人，尤其是孔子提出的"仁、义、礼、智、信"这五点"德"。良好的品格能带来持久而成功的人际关系。不管是下属，还是合作者，都会把人品作为考察这个领导者的重要标准。

任何一个领导者都应该把品格培养当作自己的中心课题。因为，领导是无法超越来自品格上的限制。很多有杰出才干的领导者，在取得某种层次的成就后就突然崩溃了，这其中有很大一部分原因都与人品有关。那些在事业上有高度成就，却在品格上有缺陷的人，常会在成功的压力下遭遇突然的失败。

品格不是靠嘴说出来的，而是用行动做出来的。领导的品格和所作所为是不可分割的。如果一个领导者的心思和行动经常不一致，那么，他的品格当然就可能隐藏着不为人知的疑点，也就不能获得别人对他的信任了。

企业家冯仑曾经写过一篇文章，大意是说：他去香港，和李嘉诚先生吃了一次饭，感触非常大。"李先生76岁，是华人世界的财富状元，也是大陆商人的偶像。大家可以想象，这样的人会怎么样？一般伟大的人物都会等大家到来坐好，然后才会缓缓过来，讲几句话，如果要吃饭，他一定是坐在主桌，有个名签，我们企业界20多人中相对伟大的人会坐在他边上，其余人坐在其他桌，饭还没有吃完，李先生就应该走了。如果他是这样，我们也不会怪他，因为他是伟大的人。

但是我非常感动的是，我们进到电梯口，开电梯门的时候，李先生在门口等我们，然后给我们发名片，这已经出乎我们意料——就是李先生的身家和地位已经不用名片了！但是他像做小买卖一样给我们发名片。发名片后我们一个人抽了一个签，这个签就是一个号，就是我们照相站的位置，是随便抽的。我当时想为什么照相还要抽签，后来才知道，这是用心良苦，为了大家都舒服，否则怎么站呢？

抽号照相后又抽个号，说是吃饭的位置，又为大家舒服，最后让李先生说几句话，他说也没有什么讲的，主要是和大家见面，后来大家鼓掌让他讲，他就说我把生活当中的一些体会与大家分享吧。然后看着几个外宾，用英语讲了几句，又用粤语讲了几句，把全场的人都照顾到了。他讲的是'建立自我，追求无我'，就是让自己强大起来要建立自我，追求无我，把自己融到生活和社会当中，不要给大家压力，让大家感觉不到你的存在，来接纳你、喜欢你、欢迎你。之后，我们就吃饭。我抽到的号正好是挨着他隔一个人的位子，我以为可以就近聊天了，但吃了一会儿，李先生起来了，说抱歉我要到那个桌子坐一会儿。后来，我发现他们安排李先生在每一个桌子坐 15 分钟，总共 4 桌，每桌都只坐 15 分钟，正好一小时。临走的时候他说一定要与大家告别握手，每个人都要握到，包括边上的服务人员，然后又把大家送到电梯口，直到电梯关上才走。"

尽管事情看起来有些琐碎，但谁都能感觉到李嘉诚先生伟大的品格，也正是这种优秀的品格才使他走到华人首富的位置上。

任何一个组织想要成功，组织的领导者必须树立起正确的行为规范和优秀的品格，并使之成为组织文化的一部分，当这种文化深入到组织

的每个角落时，组织成员自然会被这种文化所感染，那又何愁领导不好这个组织呢？

也许有人觉得，有些人道德品质不好，个人修养难以恭维，身边不是同样有许多朋友吗？其实这种所谓"朋友"并非真朋友，而是"伪朋友"。别人与他交往不是冲着他的人品人格去的，而是奔着他的权势而去，是为了相互利用以达到个人目的，充其量只是"势利之交"。一旦其丧失了权力地位，没有了利用价值后，那些所谓的"挚友"也就会弃他而去。所以说，要想收获真正的友谊，拥有真正的朋友，最终要靠良好的个人思想道德修养，只有用高尚道德修养赢得的友谊和感情才是真诚的，才会历久弥坚。

用恩惠换取恩惠

原典

乐莫乐于好善，神莫神于至诚。

译文

人生最大的快乐莫过于乐善好施，最明智的生活之道莫过于诚心待人。

善良是人性光辉中最美丽、最暖人的一缕。没有善良、没有人与人之间真正发自肺腑的温暖与关爱，就不可能有精神上的富有。我们居住的星球，犹如一条漂泊于惊涛骇浪中的航船，团结对于全人类的生存是至关重要的，为了人类未来的航船不至于在惊涛骇浪中颠覆，使我们成为"地球之舟"合格的船员，我们应该成为勇敢的、坚定的人，更要有一颗善良的心。

《三字经》讲道："人之初，性本善。"由此可见，人生来都是善良的，只是由于后天环境的影响，有些人不得已而误入歧途，直至后来变得十分凶残。不管怎么说，我们应该做一个善良的人，真诚待人，与人为善，善终有善报。

在现实生活中，每个人每天都面临着天堂或地狱的生活。当我们懂得付出、帮助、爱、分享，我们就生活在天堂；若只为自己，自私自利，损人利己，实质就等于生活在地狱里。地狱和天堂就在自己的心里。帮助别人的时候，同时也就是在帮助自己。

有一个人想看看地狱和天堂的差别。他先来到地狱，地狱的人正在吃饭，但奇怪的是，一个个面黄肌瘦，饿得嗷嗷直叫。原来他们使用的筷子有一米多长，虽然争先恐后夹着食物往各自嘴里送，但因筷子比手长，谁也吃不着。

"地狱真悲惨啊！"这个人想。

然后，他又来到天堂。天堂的人也在吃饭，一个个红光满面，充满欢声笑语。原来，天堂的人使用的也是一米多长的筷子，不同之处在于——他们在互相喂对方！

天堂和地狱拥有同样的食物，相同的食具，相同的环境，但结果却

大不相同！天堂与地狱的天壤之别，仅在于做人的"一念"之差；因心态不同，就造成了极不相同的结果。

有一个人遭遇暴风雪，迷失了方向。由于他的穿着装备无法抵御暴风雪，以致手脚开始僵硬。他知道自己时间不多了。

结果他遇到了一个和他遭遇相同的人，几乎冻死在路边。他立刻脱下湿手套，跪在那人身边，按摩他的手脚，那人渐渐地有了反应。最后两人合力找到了避难处。他救别人其实也救了自己。他原本手脚僵硬麻木，就是因为替对方按摩而缓了过来。

西晋时，廷尉顾荣应邀赴宴。席间上来一道烤肉，侍者在布菜时，直咽口水。顾荣心中不忍，就把自己的那一份让给了侍者。同桌的人笑他有点呆气，他却认为，整天看着烤肉吃不到，是很难受的，因而对自己的做法毫无悔意。

此后过了许多年，西晋发生了"八王之乱"。宗室汝南王司马亮、楚王司马玮、赵王司马伦、齐王司马同、长沙王司马颙、成都王司马颖、河涧王司马颙、东海王司马越等八王为争权夺利而相互厮杀，国家一片混乱，民不聊生。这时远在边陲的匈奴首领刘渊发现了上天赐予的大好时机，派兵东下，灭掉了西晋。

这场灾难发生在永嘉年间（307～312年），后来，"永嘉"一词就成了一个伤心的象征。永嘉年间的确令人心伤，异族的入侵，引起汉民族极大的恐慌，他们纷纷抛家舍业，扶老携幼地加入向南方逃亡的难民队伍。相比之下，长江以南的东南地区成了一片乐土。滔滔江水隔开了燃烧于江北广大土地上的战火，北方难民也纷纷奔南而去。

顾荣本是江南吴人，自然毫不犹豫地率领全家加入逃亡的难民之中。世道混乱，兵匪横行，逃亡的路上自是险象环生。但顾荣每每身处危急之时，总有人来舍命相救。渡过长江之后，顾荣找到救命恩人表示感谢。问起来历，原来这人就是当年那个接受烤肉的侍者。这令顾荣感慨不已。

爱默生曾说："此生最美妙的报偿就是，凡真心帮助他人的人，没有不帮助自己的。"这真是一句大实话。

现实生活中，有些人信奉"人不为己，天诛地灭"的信条。他们的自私本性暴露无遗，他们一味地希望能"人人为我"，却不愿去践行"我为人人"这个前提条件。结果呢，必然导致他们在社会中没有安全感和关爱感。其实，假如人人都能够心怀他人，互相信任，互相帮助，即使它的前提是功利性的，那么也会最终惠及自身的。因为处在一个好环境之中，远比处于一个恶劣环境中能得到更多的精神、物质上的双重实惠。

不要被得失、祸福的表面所迷惑

 原典

明莫明于体物。

译文

若说明智，莫过于明辨事物的是非，看透事物的本质。

如果被事物的表面所迷惑，就有可能把握不准是非，看不透祸福得失，以至于像没头苍蝇似的恣意妄为，那么结果肯定是自寻烦恼，自找苦吃。

老子有句话说得好：大成若缺，其用不弊。大盈若冲，其用无穷。意思是说：最完美的事物看起来好像总是残缺不全的，但它的地位和所起的作用永远不可忽视。最完美、最充盈的东西，看起来好像空洞无物不真实，但它的价值是不可限量、无穷无尽的。

老子的智慧就在这里，他总能以独到的眼光看到事物的本来面目。事物的价值取决于它的本质，如果我们的目光只停留于表面，必然会错过许多值得我们去拥有、去抓住的东西。

在老子的眼里，世间没有任何事物是绝对的、孤立存在的，同一个事物也都会以不同的面目呈现出来，就看你用什么样的眼光去对待。天堂或许就在地狱的隔壁，苦难也可成为一笔宝贵的财富，表面上看起来是祸，没准转瞬间就成了福。

古时，塞外有一个老翁不小心丢了一匹马，邻居们都认为是件坏事，替他惋惜。塞翁却说："你们怎么知道这不是件好事呢？"众人听了之后大笑，认为塞翁丢马后急疯了。几天以后，塞翁丢的马又自己跑了回来，而且还带回来一群马。邻居们见了都非常羡慕，纷纷前来祝贺这件从天而降的大好事。塞翁却板着脸说："你们怎么知道这不是件坏事呢？"大家听了又哈哈大笑，都认为塞翁是被好事乐疯了，连好事坏事都分不出来。果然不出所料，过了几天，塞翁的儿子骑新来的马去玩，一不小心把腿摔断了。众人都劝塞翁不要太难过，塞翁却笑着说："你们怎么知道这不是件好事呢？"邻居们都糊涂了，不知塞翁是什么意思。事过不久，发生战争，所有身体好的年轻人都被拉去当了兵，派到最危险的前线去打仗，而塞翁的儿子因为腿摔断了未被征用，在家乡过着安定幸福的生活。

这就是老子的《道德经》所宣扬的辩证思想。基于这种辩证关系，我们可以明白，即使是表面看起来很吃亏的事，也会带来意想不到的好处。生活中此类事常见，有时看似吃亏的事反而是获得更大利益的前提和资本。

生活中的聪明人善于从吃亏当中学到智慧。"吃亏是福"也是一种哲理，其前提有两个，一个是"知足"，另一个就是"安分"。"知足"则会对一切都感到满意，对所得到的一切充满感激之情；"安分"则使人从来不奢望那些根本就不可能得到的或者根本就不存在的东西。没有妄想，也就不会有邪念。表面上看来，"吃亏是福"以及"知足"、"安分"会有不思进取之嫌，但是，这些思想确实能够教导人们成为对自己有清醒认识的人。

人非圣贤，谁都无法抛开七情六欲，但是，要成就大业，在选择面前，就得分清轻重缓急，放眼长远，把握事物本来的发展方向。我国历史上刘邦与项羽在称雄争霸、建立功业上就表现出了不同的态度，最终也得到了不同的结果。苏东坡在评判楚汉之争时就说，项羽之所以会败，就因为他不能忍，不愿意吃亏，白白浪费自己百战百胜的勇猛；汉高祖刘邦之所以能胜就在于他能忍，懂得吃亏是福，养精蓄锐，等待时机，直攻项羽弊端，最后夺取胜利。

两王平日的为人处世之不同自不待说，楚汉战争中，刘邦的实力远不如项羽，当项羽听说刘邦已先入关时，怒火冲天，决心要将刘邦的兵

力消灭掉。当时项羽40万兵马驻扎在鸿门，刘邦10万兵马驻扎在灞上，双方只隔40里，兵力悬殊，刘邦危在旦夕。在这种情况下，刘邦先是请张良陪同去见项羽的叔叔项伯，再三表示自己没有反对项羽的意思，并与之结成儿女亲家，请项伯在项羽面前说句好话。然后，第二天一早，又带着随从、拿着礼物到鸿门去拜见项羽，低声下气地赔礼道歉，化解了项羽的怨气，缓和了他们之间的关系。表面上看，刘邦忍气吞声，项羽挣足了面子，实际上刘邦以小忍换来自己和军队的安全，赢得了发展和壮大力量的时间。刘邦对不利条件的隐忍，面对暂时失利的坚韧不拔，反映了他对敌斗争的谋略，也体现了他巨大的心理承受能力。

刘邦正是把眼光放远，靠着吃一些眼前亏的技巧，赢得了最后的胜利。有人说刘邦是一忍得天下，相信这种智慧不是有勇无谋的人可以修炼成的。

这就是老子辩证的眼光，看事情不能只停留在表面。眼前的亏从另一个角度看，也许就是日后的福。

随遇而安天地宽

 原典

吉莫吉于知足，苦莫苦于多愿。

 译文

　　知足者可保一生平安，知足者幸福常伴左右。人世间的痛苦多半是由欲望太多而不知道及时地遏制引起的。

　　我们常说：知足者常乐。这不仅仅是一句谚语，也是一种值得所有人铭记在心的人生态度。只可惜很多人只是把这句话挂在嘴边而已，所谓"知足"总是被无情的物质主义浪潮所淹没。

　　人应当能够承受物质生活对人的身心所产生的影响。现实中的"俗人"往往因穷困而潦倒，但聪明的智者，却能随遇而安或穷益志坚，不受任何影响地充分享受人生，并且能做出一番不平凡的事业来。

　　苏东坡对人生的旷达态度在历史上是出了名的。

　　宋神宗熙宁七年秋天，苏东坡由杭州通判调任密州知州。我国自古就有"上有天堂，下有苏杭"的说法，北宋时期杭州早已是繁华富足、交通便利的好地方。密州属古鲁地，交通、居处、环境都没法儿和杭州相比。

　　苏东坡说他刚到密州的时候，连年收成不好，到处都是盗贼，吃的东西十分欠缺，苏东坡及其家人还时常以枸杞、菊花等野菜作口粮。人们都认为苏东坡先生过得肯定不快活。

　　谁知苏东坡在这里过了一年后，长胖了，甚至过去的白头发有的也变黑了。这奥妙在哪里呢？苏东坡说："我很喜欢这里淳厚的民风，而这里的官员百姓也都乐于接受我的管理。于是我有闲情自己整理花园，清扫庭院，修整破漏的房屋；在我家园子的北面，有一个旧亭台，稍加修补后，我时常登高望远，放任自己的思绪，做无穷遐想。往南面眺望，

是马耳山和常山，隐隐约约，若近若远，大概是有隐君子吧！向东看是卢山，这里是秦时的隐士卢敖得道成仙的地方；往西望是穆陵关，隐隐约约像城郭一样，师尚父、齐桓公这些古人好像都还存在；向北可俯瞰潍水河，想起淮阴侯韩信过去在这里的辉煌业绩，又想到他的悲惨命运，不免慨然叹息。这个亭台既高又安静，夏天凉爽，冬天暖和，一年四季，早早晚晚，我时常登临这个地方。自己摘园子里的蔬菜瓜果，捕池塘里的鱼儿，酿高粱酒，煮糙米饭吃，真是乐在其中。"

其实，一个人的思想，一旦升华到追求崇高理想上去，能够放宽心境，不为物累，心地无私、无欲，随时随地去享受人生，也就苦亦乐、穷亦乐、困亦乐、危亦乐了！这是没有身历其境的人所难以理解的。真正有修养、高品位的人，他们活得快乐，但所乐也并非那种贫苦生活，而是一种不受物役的"知天""乐天"的精神境界。

欲望太多内心就难以平静

原典

悲莫悲于精散，病莫病于无常。

译文

世间最令人悲伤和痛苦的事莫过于心烦意乱、精神涣散，最大的病

患莫过于内心不平静而导致喜怒无常。

我们的痛苦烦恼似乎永远也没有尽头，一下成功，一下失败，时而悲伤，时而喜乐；在生活里我们东跑西窜，愈陷愈深，找不到一条出路。而黄石公告诉我们，道就是道，不生不灭，欲望太多的人就无法看透迷茫的前途，而平心静气者，却能够灵敏活泼地勇往直前，这才合乎天地所具有的德性。

有一则寓言：

有位书生准备进京赶考，路过鱼塘时正巧渔夫钓了一条大鱼。便问渔夫是如何钓到大鱼的。渔夫得意地说，这当然需要一些技巧。"当我发现它时，我就决心要钓到它。但刚开始，因鱼饵太小，它根本不理我。于是，我就把鱼饵换成一只小乳猪，没想到这方法果然奏效，没一会儿，大鱼就上钩了。"

书生听后，感叹地说："鱼啊，鱼啊，塘里小鱼小虾这么多，让你一辈子都吃不完，你却挡不住诱惑，偏要去吃渔夫送上门的大饵，可说是因贪欲而死啊！"

欲望与生俱来。生命开始之时，欲望随之诞生。饿了要吃饭，冷了要穿衣，这是人的本能。仅从生命科学而言，人类绵延生息不绝，可以说欲望是生命的动力。生命停止，欲望则消失。同时，人的欲望的满足，又是生命消耗的过程。

从某种意义上讲，有效地节制欲望，是构建和升华生命，延伸和拓展生命长度的必由之路。

这就不得不让我们想起了性情淡泊、道法自然的庄子。

有一天，秋高气爽，太阳已爬在半空，庄子还长卧未醒。忽然，门外车马滚滚，喧嚣非凡，随后有人轻轻叩门。

原来是楚威王久仰庄周大名，欲将他招进宫中，辅佐自己完成雄霸天下的事业。

楚威王便派了几位大夫充当使者，抬着猪羊美酒，携带黄金千两，驾着驷马高车，郑重其事地来请庄周去楚国当卿相。

半个时辰过后，庄子才睡眼惺忪开门出来。

使者拱手作揖，说明来意，呈上礼单。

不料庄子连礼单瞟也不瞟一眼，仰天大笑，说了一套令众使者大跌眼镜的话：

"免了！千金是重利，卿相是尊位，请转告威王，感谢他的厚爱。"

"诸位难道没有看见过君王祭祀天地时充作牺牲的那头牛吗？想当初，它在田野里自由自在；一旦作为祭品被选入宫中，给予很好的照料，生活条件是好多了，可是这牛想不当祭品，还有可能吗？还来得及吗？"

"去朝廷做官，与这头牛有什么差别呢？天下的君主，在他势单力孤、天下未定时，往往招揽海内英才，礼贤下士。一旦夺得天下，便为所欲为，视民如草芥，视功臣为敌手，真所谓'飞鸟尽，良弓藏；狡兔死，走狗烹'。"

"你们说，去做官又有什么好结果？放着大自然的清风明月、荷色菊香不去观赏消受，偏偏费尽心机去争名夺利，岂不是太无聊了吗？"

使者见庄子对于世情功名的洞察如此深刻，也不好再说什么，只得怏怏告退。

其中一位使者还如临当头一棒，看破数十年做官迷梦，决定回朝后上奏威王告老还乡。

庄周仍然过着无忧无虑的生活。登山临水，笑傲烟霞，寻访故迹，契合自然，抒发感情，盘膝静坐，冥思苦想，在贫穷中享受人生的快乐和尊严。

老子说得好："见欲而止为德"。邪生于无禁，欲生于无度。清代陈伯崖写的对联中有这样一句"人到无求品自高"。笔者很赞成这一观点。这里说的"无求"，不是对学问的漫不经心和对事业的不求进取，而告诫人们要摆脱功名利禄的羁绊和低级趣味的困扰，去迎接新的、高尚的事业。

有所不求才能有所求，无求与自强是不可分割的。这正是这句对联所反映的辩证法思想。人生在世，不能离开名利等。但对这些身外之物，必须有一个清醒的认识，保持一定的警觉。一个人只有抛开私心杂念，砸掉套在脚上的镣铐，心地才能宽阔，步履才能轻松，才能卓有成效地干一番事业。

提倡"人到无求品自高"，不是让人们去过那种清贫的生活，而是为了清除社会上的腐败现象，以使那些追名逐利者保持政治上的清醒和思想道德上的纯洁。

内心的踏实来自长久努力奋斗的沉淀。欲望是无止境的，人们为满足欲望想出了许多手段，赌博、诈骗、抢劫，还有出卖灵魂肉体。欲望满足的结果并非能心静。

无欲则静，多数人不能做到如出家高僧。在这样一个商品经济社会里，清心寡欲也变得很难。付出不图回报，但必有回报，尽管并非得如所付。尽心尽力地劳动也许不能暴富，总比出卖灵魂肉体来得踏实。

人在心理上追求一定的平衡，欲望过少缺乏动力，欲望太多心烦意乱，你所要做的就是把握你的心，不要让多余的不着边际的欲心杂念扰乱你生命的脚步。

不义之富贵于我如浮云

原典

短莫短于苟得，幽莫幽于贪鄙。

译文

人生最浅薄最无耻的事，莫过于通过见不得人的手段取得不义之功名利禄，最大的危险莫过于贪得无厌、不知羞耻。

贪图私利，是人的本性；避害趋利，是人的本能。这是无可厚非的。虽自私自利，避害趋利，但并不危害社会、危害他人，实不足为奇。为吃穿而奔波，为富裕而奋斗，为地位而努力，为改变环境而拼搏，只要手段正当，没有危害他人，有何不可？

可怕的是，世界上总有那么万分之一二的恶人、坏人、贪官、污吏，他们不是一般意义上的自私自利，唯利是图，而是横行乡里，鱼肉百姓，无恶不作，危害他人，危害社会。这样的人是可耻之人，他们的所作所为可耻之极。

子曰："饭疏食，饮水，曲肱而枕之，乐亦在其中矣。不义而富且贵，于我如浮云。"

孔子说："吃粗粮，喝白水，弯起胳膊当枕头，这其中也充满生活的乐趣。用不义的手段取得富贵，对我来说，就像天上的浮云一样。"

孔子的这句名言，影响甚巨，不仅内化成了有道君子的人格精神，同时也在很大程度上影响了人们在现实生活中的具体方法和策略。这在西汉名臣疏广的治家方略中可见一斑。

疏广，字仲翁，西汉东海兰陵（今山东枣庄东南）人。他博览多通，尤精《春秋》，先在家乡开馆授课。由于学问渊深，四方学者不远千里而至。朝廷得知后，征调他去都城长安，任以博士太中大夫。公元前71年，宣帝拜请他充当东宫皇太子的老师，为太子少傅，不久转迁为太子太傅。他的侄儿疏受，也以才华过人被征为太子家令，旋又升为太子少傅。从此，叔侄二人名显当朝，极受荣宠。

疏广是一位识大体、知进退的人。他对太子的辅导极其认真，教之以《论语》、《孝经》，晓之以礼义廉耻，希望太子日后担当起治国平天下的重任。当太子十二岁时，他以年老体衰为由，奏请朝廷辞官回家。临行前，宣帝赏赐黄金二十斤，皇太子赠以黄金五十斤。其他公卿大臣，也分别馈送财物，并特意在京城的东郭门外设宴为他饯行。站在大道两旁观看的人们，见送行的车子便有数百辆，都感叹地称他为"贤大夫"。疏广真可谓是家私丰足、荣归故里。

但是，说也奇怪，疏广回到家乡以后，竟绝口不提购置良田美宅。而是将所得财物赈济乡党宗族，宴请过去的故旧亲朋。不仅如此，他还

几次询问剩余钱财的数目，意思是要把这些财物都花得一文不剩。疏广的儿孙们很着急，可又不敢言语，只好私下请了几个平时与疏广要好的老人，希望他们能劝说疏广，及时建造房舍和购买田地，使子孙后代也有个依靠。几位老人觉得这些意见是对的，便在相聚时从中规劝疏广，要他多为儿孙们着想，置办家产。

疏广笑着说："你们以为我是个老糊涂，不把子孙后代的事情惦挂在心吗？我的想法是：家里本来还有房舍和土地，只要子孙们勤劳节俭，努力经营，精打细算，维持普通人家的穿衣吃饭是不成问题的。"老人们还疑惑不解，疏广接着说："如果现在忙于为子孙后代买地盖房。子孙们饭来张口，衣来伸手，不愁吃，不愁穿，反而会使儿孙们懒惰懈怠，不求上进。一个人要是腰缠万贯，家中富足，贤能的容易丧失志向，愚笨的则变得更加蠢陋。再说，钱多了还容易招人怨恨，我过去忙于国事，对子孙的教育不够，如今不为儿孙们置办产业，正是希望他们能够自力更生，克勤克俭，这也是爱护和教育儿孙的一个办法啊！"老人们终于被说服，再也不为他的子孙们去说情了。

疏广对待子孙后代，务在劳其筋骨，苦其心志，以免使他们成为好逸恶劳的纨绔子弟，同时也使他们自觉地远离"不义"的富贵，表面看来似乎不近情理，但其用心是何其良苦，又何其明智！

人生在世，难免沉沉浮浮，时起时落，关键的是，倘若能够领悟生活的真谛，享受一点一滴的生活所给予的快乐，就可以了解人生的意义所在。虽然，任何人都不会喜欢或满足于吃粗粮、喝白水，但相对于用不义的卑劣手段去攫取所谓的"富贵"，君子则宁愿安贫乐道，以此来换取良心上的轻松和精神上的舒畅。

自以为是贻误大事

原典

孤莫孤于自恃。

译文

自恃有才，就狂妄傲物，目空一切，这样的人最容易成为孤家寡人。

世间的才子们最容易犯的一个错误就是恃才傲物。多喝了点墨水就以为可以王侯将相了，就以为天下无敌了，并且听不进别人的意见和善意的忠告，一意孤行。黄石公的意思是，这样的人不仅孤陋寡闻，到最后也只能以孤芳自赏、孤苦伶仃收场。

现在有些人，经常自以为是，对周围人的批评根本听不进，认为别人是在侮辱自己，或者瞧不起自己，或者明明知道错了也不改正，这和历史上扁鹊见的蔡桓公很相似。

战国时候，齐国有一个神医名叫秦越人。因为他治病的本领特别高，人们都管他叫"扁鹊"（传说扁鹊是上古时代一位有名的医生）。他原来的名字，反倒没有多少人知道了。

有一天，扁鹊去看蔡桓公。他瞧了瞧蔡桓公的脸色，说："您有病，病在皮肤里，要是不早治，恐怕要加重起来的。"

蔡桓公听了，很不高兴地说："别瞎说，我什么病也没有！"扁鹊走

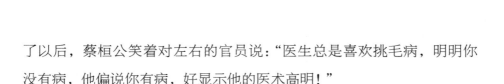

了以后，蔡桓公笑着对左右的官员说："医生总是喜欢挑毛病，明明你没有病，他偏说你有病，好显示他的医术高明！"

过了五天，扁鹊又去看蔡桓公。他看了看蔡桓公的脸色，说："您的病已经发展到肌肉里去了，再不治，会更加厉害的！"蔡桓公没有理他，他只好走了。

又过了五天，扁鹊又去看蔡桓公。他皱着眉头对蔡桓公说："您的病已经蔓延到肠胃里去了，再不治，就危险啦！"蔡桓公还是不理他，他只好又走了。

又过了五天，扁鹊又去看蔡桓公。这回他一见蔡桓公，扭头就走。桓公觉得挺奇怪，马上派人把他追回来，问他："为什么这一回你一句话不说就走呢？"

扁鹊回答说："病在皮肤里，用热水一焐，就可以治好；病在肌肉里，扎扎针，就可以治好；病在肠胃里，吃几服汤药，也可以治好；病在骨髓里，那就难办了。现在，大王的病已经深入到骨髓里去了，您想治，我也没有办法了！"蔡桓公听了，还是不大相信，只是笑了笑，就叫扁鹊走了。

又过了五天，蔡桓公果然浑身骨头痛。这时候，他才相信扁鹊的话是对的，可是已经晚了。过了几天，蔡桓公就死了。

后来，人们从这个故事中得出了一句成语，叫做"讳疾忌医"，意思是说：明明有病还不肯承认，不愿意医治。用来说明一个人有了过错，别人给他指出来，他还不承认，只落得自己没有好结果。

然而，与此相反的是，历史上有些人不仅虚心接受别人的意见，而且还经常自我监督，自我批评。

　　明代有个叫高汝白的人，他中了进士以后，曾培养他的叔父写信督促他说："你尽管考中了进士，我并不为此高兴，反而因此担忧。此后你可能会逐渐放松对自己的要求，所以我希望你每天将自己的行为举止用笔记在本子上，然后寄给我。"高汝白叹息着给叔父回信说："我一直在您老身边长大，难道您还不了解我，而担心我会放纵自己？"过后他试着问了一个伴随在他身边的老家的人，自己有没有改变。老家的人说："比起往日是逐渐有所不同。"他这才开始警觉起来，于是，用一个本子把自己每天的言行记录下来，进行检查，发现自己的缺点多得写不完。他很害怕，从此激励自己努力学习，修养品德，逐渐地改掉本子上记录的缺点，后来，高汝白成为一个著名的品行高尚的人，官至提学（主管教育的官吏）。

　　清朝有一位叫徐文靖的人，也是用类似的方法督促自己每天朝好的方面努力。徐文靖仿效古人：用两个瓶子分别放置黄豆和黑豆，每当做了一件好事时，他便念道："说了一句好话，做了一件好事。"于是投进一粒黄豆。要是办坏了一件事，便投进一粒黑豆。开始是黄豆少，黑豆多，渐渐地日积月累，豆子已黄黑各半，久而久之，黄的就多于黑的了。

　　能够做到胸怀坦荡地接受别人指出的错误和正确的批评，并且有意识地来约束自己，自觉地达到自己制定的标准，一步一个脚印，持之以恒地照这样做，做人做事就会达到圆满的境界。而讳疾忌医，到头来只会贻误大事。

用人不疑疑人不用

 原典

危莫危于任疑。

译文

最危险的事莫过于任用人才的时候却存有疑心。

"用人不疑，疑人不用"，是古人留给后人的一句良言。然而话说回来，用人者又有多少完全不疑的呢？可以说，很少有人能真正放心地把事关自己前途的重要工作交予其他人去做。三国时的马谡因在攻打孟获之时向诸葛亮提出了"攻心"之策，从而赢得了诸葛亮的信任。但后来在派马谡镇守街亭之时，诸葛亮还是派了王平作为马谡的助手。王平名为助手，实为诸葛亮的眼线，他要随时将马谡的用兵情况向诸葛亮汇报。诸葛亮用人尚且如此小心谨慎，更何况不如他的后人呢？

实际上，"用人不疑"仔细分析起来应该是包含两方面的内容：第一是真的知人而不疑，由于太了解一个人了，所以不必怀疑；第二是以不疑的态度或表现去对待下属。事实上，任何一位管理者，在用人的过程中，很少能够做到真正的不疑，他们始终都是在观察手下的人才，时刻抱一份警惕之心，一旦发现员工有不轨行为或动向，立即先发制人。但用人不疑还是有它的用武之地的，它可以显示出管理者对下属的信任，从而提高其工作的热情。因此，管理者在这个问题上，尽量朝着不疑人的方向努力，让对方知道你不听信谗言，不乱生怀疑，让他本人和周围的人觉得你"用人不疑"就可以了。

冯异是刘秀手下的一员大将，他不仅英勇善战，而且忠心耿耿，品德高尚。当刘秀转战河北时，屡遭困厄。一次行军在饶阳德伦河一带，弹尽粮绝，饥寒交迫，是冯异送上仅有的豆粥麦饭，才使刘秀摆脱困境；还是他首先建议刘秀称帝的。后来，各将领每每相聚各自夸耀功劳时，他总是一人独避大树之下。因此，人们称他为"大树将军"。

冯异长期转战于河北、关中，深得民心，成为刘秀政权的西北屏障。这自然引起了同僚的嫉妒，一个名叫宋嵩的使臣先后四次上书诋毁冯异，说他控制关中，擅杀官吏，威权至重，万民归心，当地百姓都称他为"咸阳王"，且有反叛的迹象。

冯异对自己久握兵权，远离朝廷，也不大自安，恐被刘秀猜忌，于是一再上书，请求回到洛阳。刘秀对冯异虽然也不大放心，可西北地区却又实在少不了冯异这样一个人，也就只能暂时维持现状。

一次，冯异率军征讨外房，领军几十万所向披靡，声名远扬，震动朝野内外。得胜回朝后，刘秀召见众将，对军功显赫的将领都一一进行加官晋爵、赐田封赏，唯独对大将军无封无赏。满朝文武百官无不迷惑，对此事议论纷纷。

刘秀对这些议论并不理睬，等了几天即下召命让冯异率众将仍回西北驻守。一路上，冯异心中思绪如麻，翻江倒海，不知皇上心中何意，心想：如果皇上不信自己，嫌自己军权太重，那么我已必死无疑了！可是他却又派自己回西北驻守统领重军，说明还是相信自己的嘛！但是，

自己手下众将都有封赏，而对自己却提都不提，这让我以后如何领导众将呢？我乃朝廷第一大将，与皇上是患难之交，生死兄弟，执掌重兵，他刘家江山有一半是我打的，皇上的命还是我救的呢，没有我冯异，有他刘秀的今天吗？像我这样的功臣估计皇上轻易也不敢动。

冯异刚回到西北军中大帐，皇上派的使者竟随后又赶到了，冯异纳闷：刚从京师回来，有多少事说不了，还有什么事呢？使者交给冯异一只盒子，众将不解，都不知道装的什么东西。冯异打开一看，全是信件，再一阅读内容，全是冯异在率兵出征期间，朝廷内宋嵩等臣写给皇帝的奏章，说冯异拥兵自重，控制关中，乱杀权重，企图造反。直看得冯异汗流浃背、长吁短叹。

冯异心想，皇上没有听信别人的话，不但没杀我，又把这些信交给我，继续让我统兵，看来还是信任我的，还有什么比皇上的信任更高的赏赐呢！以后得好好干呀，于是，冯异连忙上书自陈忠心。刘秀回书道："将军之于我，从公义上讲是君臣，从私患上讲如父子兄弟，我还会对你猜忌吗？你又何必担心呢？"

刘秀真是驭人有术、手腕高明。他的这种处理方式，既可解释为对冯异深信不疑，又能暗示朝廷早有准备，既是拉拢又是震慑，一箭双雕。

事实上，刘秀当时也在心里猜测，冯异到底是不是反叛呢？但刘秀的高明之处就在于，他能够静下心来，表现出对冯异十二分的信任，在事情没有搞清楚之前，永远对部下抱有诚意。何况，刘秀深知，当时的情况下，即使冯异真的反了，自己不但拿他没办法，而且还可能有亡国的危险。与其这样，还不如让冯异觉得自己信任他，或许事情就不会那么糟了。后来的结果表明，刘秀的决定是正确的。

当然，"表面上"的用人不疑需要运用一套隐蔽的监督手段，这样才会在员工充分感到你的信任、热情百倍地去工作的同时又不敢轻举妄动。

私欲太盛者逃不过败身之祸

原典

败莫败于多私。

译文

很多失败的事其根源就在于当事人的自私自利。

人的自私本性决定了人的行为，大多数人所作所为都必然是从自己的利益出发。但一部分人因权势或际遇而觉得自己可以无所顾忌地去追逐私利，进而走向骄奢，以致最终因私心无度而引火烧身；但有一些堪称君子的人，无论何时都能自律有度。他们不仅一生平安顺达，而且还能够创建功业，留下美名。

齐襄公二十八年，齐国的权臣庆封到吴国，聚集他的家族居住下来，聚敛财物变得比原来更富有。当时的子服惠伯对叔孙穆子说："上天大概是让淫邪的人发财，这回庆封是又富了。"穆子说："善人发财叫做赏，

淫邪的人发财叫做祸患，上天将要使他遭殃。"昭公四年，庆封被楚国人杀了。以前他的父亲庆克曾诬陷鲍庄，当时庆封谋划攻打子雅、子尾，事情被发现，子尾刺杀了庆封的儿子舍，庆封逃到吴国。这里说的子雅、子尾是齐国的公子。同一年，齐国崔姓叛乱，子雅等公子们都失散了，等到庆氏灭亡后，齐王又召回了这些公子们，他们都各自回到他们的领地。乱事结束后齐王赏给晏子邶殿的 60 个乡邑，他不接受。

子尾说："富有是人人都想得到的，你为什么偏偏不要呢？"晏子回答说："庆氏的城市多得能够满足他的欲望，而他还贪而不忍，所以灭亡了；我的城池不足以满足自己过分的欲望。不要邶殿并不是拒绝富有，而是怕失去富贵。而且富贵就像布帛有边幅，应该有所控制，使它不致落失人手。"这是说富人不能随意增加财富，否则将自取灭亡。

人富了，就容易产生骄横之心，富而不骄的人，天下很少有，富者要忍富，不能因比别人富，去欺压别人。

对于贫寒清苦的生活，有些人以为苦，而不少名士、隐士则有他们独到的见解，从中也可以看到他们把忍受清贫的生活当成一种修身养性，战胜人性中贪欲的一种方法。他们不以此为苦，反以此为乐。

而与之相反，让自己人性中最阴暗的一面不加抑制地放纵的人，结果往往都像庆封一样，最终身败名裂。但偏偏这样的人代代都层出不穷。

东汉外戚梁冀，官至大将军，掌权 20 年。他强占无数民田，洛阳近郊，到处都有他的花园和别墅。后来被抄家时，家财达 30 多亿，相当于那时全国一年租税收入的一半。另一个大宦官侯览，前后霸占民宅 380 所。他的住宅，"高楼池苑，堂阁相望"，雕梁画栋，类似皇宫。西晋大臣石崇和国舅王恺斗富。王恺用麦糖洗锅，石崇就用白蜡当柴烧。

王恺用紫色丝绸做成长 40 里的步障，石崇就用织锦花缎做出更华丽的步障 50 里。结果，梁冀、石崇、侯览都在"八王之乱"中被处死了。

四川人安重霸，在简州做刺史，贪得无厌，不知满足。州里有个姓邓的油客，家中富有，爱好下棋。安重霸想贪他的财物，就把姓邓的传来下棋。只许他站着下，每次落一子，就要他退到窗口边，等安重霸思考好了，再让他过来，这样一天也没下几十个子。这样姓邓的站立得又饿又累，疲倦不堪。第二天再传他去下棋。有人对他说："太守本意不是下棋，你为何不送东西给他？"于是姓邓的送上三个金锭以后，再不叫他去下棋了。这种人的行为看起来让人觉得好笑，不可思议，但他们的结果往往"不好笑"，也往往在人们的意料之中。安重霸最后身首异处、他所聚敛的家财一分也没跟他走。这种放纵私欲，聚敛财富，恃权骄奢的人，其实是在进行一场人生的冒险游戏。最终于人于己，皆为不利，并且没有任何积极的意义。

"人是自私的动物"，这句话没错。任何人都必须承认自己和他人的自私性，也必须承认为自己谋求利益的合理合法性。但这些都必须是有限度的，在古代"度"是人性容忍的底线，在今天就是法律的范围。否则，一旦人的私欲决堤泛滥，以致侵害到别人，甚至严重触犯法度，那么，必然会遭到怨恨和惩处。古往今来因私欲太盛而招致祸患的例子，不胜枚举。这种教训是值得人们在现实中引以为戒的。

第五章

遵义

——用错方法会陷自己于被动境地

　　"义"不仅是一个人修养的内在体现，在黄石公看来更是一种做人做事的方法和准则。那么，怎样去做才算"义"呢？最基本的一点就是：在达到自己目的的同时，绝对不能给他人带来伤害，无论是精神上的，还是肉体上的。如果用了错误的方式去做事，违背了"义"的准则，那么结果就会使自己陷于被动的境地。

犯错不要紧只要能改过

原典

有过不知者蔽，迷而不返者惑。

译文

有过错而不能自知的人，一定会受到蒙蔽，走入迷途而不知返回正道的人，一定是神志惑乱。

孔子在处理过失和改过的关系方面，强调改过，他把道德修养过程也看作是改过迁善的过程。孔子说："丘有幸，苟有过，人必知之。"他承认自己犯有过错，并认为过错被别人所了解，是自己的有幸。他反对有人对过错采取不承认的态度，"小人之过也必文"，文过饰非，把过错掩盖起来，这是不对的。他还说，"君子之过也，如日月之食焉。过也，人皆见之，更也，人皆仰之。"他认为君子的过错，好比日食和月食；他有过错，人人都看得见，他改正了，人人都仰望他尊敬他。孔子提出"过则勿惮改"的要求，还说："过而不改，是谓过矣，不善不能改，是

吾忧也。"

要正确对待自己的过错，也要正确对待别人的过错，要容许别人犯错误，对别人过去的错误采取谅解的态度。孔子提出的"既往不咎"，就是对已经过去的事不要责备了，着重看现在的表现。

黄石公要人知过、改过的思想，涉及人犯错误的必然性以及人如何对待自己的错误和改正错误的问题，还涉及如何对待别人的批评和如何对待别人的错误的问题，这些思想与经验，对我们今天仍有启发意义。

我们经常会犯一些低级错误，我们也常常因此失去很多宝贵的东西。但我们可以抽出时间总结过去，只是不要再追悔过去，因为眼前的路还是要走的。

陶渊明说："实迷途其未远，觉今是而昨非。"我们今天觉得昨天犯了错误，说明在错误的道路上走得还不算远，一切都还来得及。如果到快要进棺材时才发现自己错了，只能用自己的经历去警示后人了。如果有错而不去改正，就如孔子所说："过而不改，是谓过矣！"

每个人都会犯错误，人就是在犯错误和不断改正错误的过程中成长起来的。对错误的理解和认识不同，对待错误的态度也会不同，当然最后的结果也会大相径庭。普通人会犯错误，受人尊敬的君子也会犯错误，但千万不要用新的错误去掩盖旧的错误。

伴随人生的很多事情要有序地、平行运行，如：学习、工作、恋爱、结婚、养育子女、赡养老人、结交朋友、帮助亲友，还有为社会尽应尽的义务等等。每一项事情在人生中都有一个合理的时间和空间，人有时候犯错误就是将这些问题弄错了顺序、用错了时间和空间。一般意义上的错误就是越位和错位，更大意义上的错误就是把事情的比例搞错了。有些重要的事情既不能错位也不能越位，如果你在应当学习的时间谈恋爱，你是越位；如果你在结婚以后再去谈情说爱你一定是错位。例如在该学习时候去恋爱本是一般性的错误，如果你用90％的精力去学习，用10％的精力去谈情说爱，还不至于妨碍你今后的发展，反过来用90％的精力去谈情说爱，用10％的精力去学习，你肯定就犯了大错误。

　　世上没有不犯错误的人，工作中也会出现这样的缺点或那样的问题，这是在所难免的，毕竟"人非圣贤，孰能无过"，更何况即便是圣人也会有犯错误的时候。因此一个人有这样的不足或那样的错误，是正常的，这些并不可怕，可怕的是自己没有意识到，又没有人及时指出，犯错还不知道；可怕的是讳疾忌医，不认真解决问题，而是遮掩问题。事实上，人们往往最疏于防范的是"小恶"，一些错误言行在微小、萌芽状态时不易被人重视，结果从量变到质变，"问题不大"的错误使人越滑越远，"小洞不补，大洞吃苦"，致使积重难返，深陷泥潭而不能自拔。

说话莫伤人心

　　以言取怨者祸。

译文

出言不逊而招致怨恨，其给自己带来的祸害也是在所难免的。

语言是交流思想感情的工具，没有语言，也就没有人类的发展。人们在交往中，没有语言作桥梁，就无法沟通，也就一事无成。但是语言能成事，也能坏事，所以古人认为凡事少说为妙。不是不说话，而是该说的要说，不该说的不说，要考虑好了再说，否则一言有失，即酿大祸。忍言慎语，首先便是要戒伤人的恶语，荀子说："伤人之言，深于矛戟。"意思是说，伤害别人的语言，比用尖锐的长矛和战戟刺伤人的肉体还要厉害。戒伤人之恶言，是改善人际关系，与别人和睦相处的重要法则。

说话伤人心莫过于当众揭人短。

短处，人人都有，有的可能自己心里也很清楚，可是由别人嘴里说出来就让人不舒服。俗话说：打人不打脸，骂人不揭短。没有一个人愿意让别人攻击自己的短处。若不分青红皂白，一味说对方的短处，很容易引发唇枪舌剑，两败俱伤。

"当着矬子不说矮话"，是告诫人们在应酬中不要伤他人自尊的意思。人生在世，各有所长，各有所短。若以己之长，较人之短，则会目中无人；若以己之短，较人之长，则会失去自信。这也是应酬中尤其要注意的一点。

115

少一些斥责多一些宽容

原典

好众辱人者殃，戮辱所任者危。

译文

喜欢当众责备侮辱他人的人早晚要遭殃，苛求责难委以重任的人更加危险。

用人之道最忌讳的是激起下属的怨恨，而有些不高明的领导者却偏偏喜欢在这个问题上和下属过不去，动不动就当众指责他们，有一点小过错就大做文章，这样的领导者迟早要遭殃的。

孔子说："凡事多责备自己而少责备别人，就可以避开怨恨了。"做人要宽容一点，要允许别人犯错误，宽容自会得回报。尤其是做领导的，如果能宽恕下属的一些小错误，下属往往会加倍努力，做得更好，并寻找机会证明自己的能力。

春秋时，楚庄王有一次和群臣宴饮，当时是晚上，大殿里点着灯，正当大家酒喝得酣畅之际，突然一阵风把灯烛吹灭了。这时，庄王身边的美姬"啊"地叫了一声，庄王问："怎么回事啊？"美姬对庄王说："大王，刚才有人非礼我。那人趁着烛灭，牵拉我的衣襟。我扯断了他帽子上的系缨，现在还拿着，赶快点灯，抓住这个断缨的人。"

庄王听了，说："是我赏赐大家喝酒，酒喝多了，有人难免会做些出格的事，没什么大不了的。"于是命令左右的人说："今天大家和我一起喝酒，如果不扯断系缨，说明他没有尽兴。"群臣一百多人马上都扯断了系缨而热情高昂地饮酒，尽欢而散。

过了三年，楚国与晋国打仗，有一位将军常常冲在前边，勇猛无敌。战斗胜利后，庄王感到惊奇，忍不住问他："我平时对你并没有特别的恩惠，你打仗时为何这样卖力呢？"他回答说："我就是那天夜里被扯断了系缨的人。"

还有一个故事。春秋时秦穆公的一匹良马被岐下三百多个乡下人偷着宰杀吃了。秦国的官吏捕捉到他们，打算严加惩处。秦穆公说："我不能因为一条牲畜就使三百多人受到伤害。听说吃了良马肉，如果不喝酒，对身体会有害。赏他们酒喝，然后全放了吧。"

后来，秦国和晋国在韩原交战。这三百多人闻讯后都奔赴战场帮助秦军。正巧穆公的战车陷入重围，形势十分险恶。这些乡下人便高举武器，争先恐后地冲上去与晋军死战，以报答穆公的食马之德。晋军的包围被冲散，穆公终于脱险。

汉代的丙吉任丞相时，他的一个驾车小吏喜欢饮酒，有一次他随丙吉外出，竟然醉得吐在丙吉的车上。丙吉属下的主吏报告说，应该把这种人撵走。丙吉听到这种意见后说："如果以喝醉酒的过失就把人撵出去，那么让这样的人到何处安身？暂且容忍他这一次的过失吧，毕竟只是把车上的垫子弄脏了而已。"

这个驾车小吏来自边疆，对边塞在紧急情况下的报警事务比较熟悉。他有一天外出，正好遇见驿站的骑兵手持红白两色的袋子飞驰而来，

便知道是边郡报警的公文到了。到了城中，这个驾车小吏就尾随着驿站骑兵到公车署（汉代京都负责接待臣民上书、征召和边郡使者入朝的机构）打探详情，了解到敌虏入侵云中、代郡两地，急忙回来求见丙吉，向他报告了有关情况，并且说："恐怕敌虏所入侵地区的地方官员因年迈病弱，反应不灵，不能胜任军事行动了。建议您预先了解一下有关官吏的档案材料，以备皇上询问。"丙吉认为他讲得很有道理，就让管档案的官吏把有关材料详细报来。

不久，皇上下诏召见丞相和御史，询问敌虏入侵地区的主管官员的情况。丙吉一一做了回答。而御史大夫陡然之间不知详情，无法应对，因此受到皇上的斥责。丙吉显得非常忠于职守，时时详察边地军政情形，实际上这是得力于驾车小吏！

容忍他人的过失，对方会以自己的一技之长来感谢；而责备只会让人徒增怨恨。被宽容者往往把感恩之情压在心底，一旦有机会能让其发挥长处时，他必定会竭尽所能地报答。由此看来，那些刻意寻求他人过错、动辄对人大声责骂的人，岂不是太愚蠢了吗？

关于立身处世的道理，自古以来的圣贤都认为，要严以律己，宽以待人。严以律己，可以不断提高自己的修养水平；宽以待人，则不但可以赢得尊敬和友谊，还能尽量不得罪人，不为将来埋下隐患。凡事多为别人设身处地地想一想，从而不对犯了可原谅的错的人责备，既能使对方知错而改，又会对你心怀感激，欲以回报。这实在是一种为人处世的大智慧。

一个"傲"字可毁掉一生英明

原典

凌下取胜者侵，名不胜实者耗。

译文

靠欺负弱者取胜不会有好名声，名不副实、骄矜傲慢不过是自欺欺人罢了。

老子的"不自矜，故长"，就是告诫人们一定要戒除傲气，才能进步、成功。

傲气，一是盛气凌人，傲慢自负，自我感觉良好，也许某一方面高人一等，优人一招，先人一步，或者并无过人之处，只是虚张声势，故弄玄虚罢了。不管属于哪一种类型的都是过高地评价自己，蔑视别人，习惯仰面朝天，居高临下，盛气凌人，若问此人为何这般德性，是自负，自以为了不起，自高自大，盈气于内，形态于表，大有老子天下第一的气势，不可一世的表现用来傲视别人。因此，傲气会使人陷入困境，进而导致失败，这方面的教训简直太多，也太深刻了。

杨修为什么会招来杀身之祸？还不是他自恃才高、傲气太盛，他的傲气惹恼了曹操，日积月累，最终因"鸡肋"命丧黄泉。

闯王李自成率大军驰骋疆场，转战东西，其气势之浩大如排山倒海，

119

不可遏止，可为什么最终也会惨遭失败呢？还不是因为傲气。闯王率大军进驻北京城后，张灯结彩，天天过年，结果傲气磨钝了起义军的锐气，使起义功败垂成，给后人留下了无尽的遗憾。

有傲气的人大都从个人着眼，一切从个人出发，张扬自己无视他人，以一己之私傲视万物于脚下，这时的傲气就成为羁绊个人发展、破坏群体关系的一剂毒药，它所导致的是一种唯我独尊、目空一切、自高自大的自恋情结，同时相行而生的是一种排斥他人、拒绝合作、蔑视群体、崇尚个人的排他情结，从而形成一种自恋自娱的狭隘的个人空间。

与此同时，自傲也是令人失败的根源所在。《三国演义》中的《关云长大意失荆州》一节与其说是关羽大意还不如说是关羽的自傲更确切。

吕蒙正是抓住了关羽的这个"傲"，才故意称病让陆逊顶替位置迷惑关羽的。结果关羽果然中计，撤走了防守东吴一方的兵马、降低了对东吴兵马的预防，才使得吕蒙偷袭成功，丢掉了赖以保身的荆州，落了个败走麦城、兵败被杀的悲惨结局。

意大利哲学家阿奎那将"骄傲"列为人的七宗罪之首，而毛泽东同志也曾专门撰文强调中国共产党人需"戒骄戒躁"，都是从一定意义上说明骄傲的思想万万要不得。因此，我们也只有遵循老子"不自矜，故长"的智慧，摒除傲气，才能使自己进步，在人生的舞台上更加成功。

国画大师徐悲鸿先生有句名言："人不可有傲气，但不能无傲骨。"前半句很明确地告诫了我们：人不可恃才傲物、孤芳自赏——看自己一朵花，看别人豆腐渣，而应该尊重别人，不要认为别人都不如自己，那样根本无法提高自己，只能让自己在自傲自负中一天天堕落下去。

用人不当，后患无穷

原典

用人不正者殆，疆用人者不畜，为人择官者乱。

译文

一个领导者如果用人不当，在用人的过程中又不够灵活，这是很容易导致混乱和失败的。

得人才者得天下，若要成事，人才固然重要，但前提是找对人用对人，如果用错了人又不能及时改正，那后果就很严重了。

有的领导任人不唯贤，不看能力，不看贡献，却喜欢用自己的喜好作为标准，只要长得标致，或者能说会道，就可以给予高级的职位。这样的领导绝不是合格的领导，不客气地说，就是典型的糊涂官。

历史上，因错误识人用人而铸成大错的例子不在少数。无论是何种原因，他们的教训都是值得吸取的。

前秦帝国的皇帝苻坚，任用平民出身的王猛为相，统一了中国的北方，是颇有作为的一代帝王。淝水之战失败后，前秦帝国迅速瓦解，他被后秦帝国的姚苌所杀，结束了其轰轰烈烈的一生。

苻坚是个心地善良、胸襟开阔的人，他对人从不猜忌，即便是那些投降或被俘的帝王将相，他也以礼相待，从不杀戮。甚至如鲜卑亲王慕

容垂，羌部落酋长姚苌，他还引为知己，授予高官和赋予很大的权柄。

王猛生前曾劝谏符坚说："皇上与人为善，也不能不分敌我。国家的死敌不是晋帝国，而是杂处在国内的鲜卑人和羌人。更让臣担心的是，他们的首领都在朝中身居要职，有的更握有兵权，一旦有变，国家就危险了。"

符坚坚信只要诚心待人，对方一定能诚心待我，有此观念，他并未把王猛之言放在心上。王猛死后，他对这些人更是信任不二，宠爱日隆。

淝水之战后，符坚逃到洛阳，那些尚未到达淝水的大军也闻风溃散。鲜卑籍大将慕容垂见有机可乘，遂起反叛之心。他借口黄河以北人心浮动，自请符坚派他前去宣慰镇抚。符坚对他毫无防范，不仅痛快地答应了他的请求，还亲自向他致谢。慕容垂渡过黄河后，立即号召前燕帝国的鲜卑遗民复国，建立了后燕帝国。

其后，迁到关中的鲜卑人，又在慕容泓的领导下，建立了西燕帝国。符坚命他的儿子和羌籍大将姚苌征讨西燕，结果大败，符坚的儿子阵亡，姚苌畏罪逃到北方，后又叛变，建立了后秦帝国。

鲜卑人和羌人的反叛，使前秦帝国陷入了灭顶之灾。不久，首都长安被困，符坚突围西行，在五将山被后秦兵生擒，送到后秦皇帝姚苌的手上。

符坚至此，仍怀有生的希望。姚苌二十年前犯罪当诛，在绑赴刑场处斩时，时为亲王的符坚见他英武不凡，遂动了恻隐之心，将其救下。有此大恩，符坚深信姚苌自会感恩图报放他一马。

万没想到，姚苌先是向他索取传国玉玺，继而百般污辱。符坚万念俱灰，大骂姚苌忘恩负义，姚苌不待他多言，就把符坚活活缢死。

符坚犯错误的根源，在于他心地过于善良，在当时十分复杂的情况

下，仍轻易相信别人并委以重任。这种品质对于个人，无疑是那种值得去结交做朋友的人；但作为一个治国者，这反而成为一种致命的弱点。识人难，用人更难。预防这类错误，关键在于"防"，可惜的是，苻坚从来没有给自己在这方面筑起防线。

一个人是否应该被看重，重要的当然是看他内在的道德品质和学识修养，至于外在的容貌、装饰以及言谈举止等，其实都是次要的。无论是选才用人还是结亲交友，有见识者当然要以此为标准。当然，能够"质"与"文"俱佳更好，但是，切记不可因"文"而废"质"。否则，一旦被外表迷惑，得到一个华而不实的废物，甚至是一个仅仅外面光的"驴粪蛋"，就会不但无益，反而有害。

所以说，认识评定一个人，不能只看表面，人的许多外在情感都是装出来的，尤其是当处于复杂的环境中时，人心更是难测。所以，无论是作为普通人还是为政者，都必须深入观察，真正看透一个人的内心，谨防误识、误交、误用。暂时难以认清的，不妨冷淡处之。否则，将会给自己造成不利，给大局造成损失。

秘密也能决定成败

決策于不仁者险，阴计外泄者败。

 译文

伤天害理，决策不仁，已属危险之举；如果不小心再把秘密泄露出去，那就注定要失败了。

秘而不宣的事情才能称之为秘密，它只能存在一个人或几个相互信任的小群体之内。因此，无论是我们自己的秘密抑或知道别人的秘密，都应该做到守口如瓶，否则不但会失去他人的信任，同样会吃到泄密的恶果。

全纪这个人在《三国》中的确一点名气也没有，从出场到被杀也就被提到了两三次，重大的贡献没有，然而在他身上我们却能学到一点人生教训——秘密就是秘密，不该泄露的时候，对谁都不能泄露。

吴主孙亮因为大权被大将军孙綝把持而抑郁多日，一日，他看到身为国舅的全纪在旁，便诉说心中的怨气。全纪便表露衷心，愿意帮助孙亮斩杀孙綝。然后孙亮便制定了详细的计划，并嘱咐全纪不可告诉他的母亲，因为其母是孙綝的姐姐，怕向孙綝泄露机密。

然而，全纪却是一个没有头脑的家伙，这等机密大事居然告知了其父，而其父更是没有头脑，明知道他的妻子是孙綝的姐姐，却还向她透露出三日内要杀孙綝。结果其母向孙綝泄密，导致计划破产而全纪被杀。

事实往往就是这样，人们对于外人的保密工作容易做到，而对家人的保密工作却不易办到，而这也正是保密工作最值得注意的地方。类似全纪的事情不仅古代有，现代也有。

　　第二次世界大战期间，美国一个水兵，在他服役的军舰行将从美洲开往欧洲作战时，他多嘴多舌，竟借公用茶室的电话通知朋友，将他的出发时间、开往地点、航行路线悉数暴露。不想隔墙有耳，当时在场窃听的一个德国间谍立即将这一情报报告了德国情报局，结果，这艘美国军舰很快被德国潜艇打入了龙宫！这个多嘴的"舌头"也喂了鱼虾。

　　其实三国中除了全纪这件事之外，有许多保密工作的方法还是值得借鉴的，例如，诸葛亮、曹操等都擅用"锦囊妙计"，动不动就给将领们锦囊，让他们临事再发。

　　例如，曹操赤壁战败后派曹仁守南郡，临走前嘱咐他："吾有一计，密留在此，非急休开，急则开之"，后曹仁与周瑜大战，此计派上了用场。

　　张辽、李典、乐进三人在合肥防御孙权军队，曹操听知孙权领兵进攻合肥，于是派人向张辽等送木匣一个，匣上有操封条，封条上写着："贼来乃发。"

　　由此可见，一个人的生死存亡有时候与能否保守秘密有很大的关系。其实不仅个人如此，企业也同样如此。

　　在世界商战史上，商业机密历来被众多商家当作所有工作的重中之重。有时候，一条核心机密就是一个商机，甚至关系到企业的兴衰成败。

　　可口可乐的经营者一贯注重产品的质量，这是其百年不衰的主要原因之一。当坎德勒从彭伯顿手中买下可口可乐的专利时，他根据市场的需求，把这种糖浆式饮料兑水后，再加入天然材料，配成所谓"7X 配方"，从而博得了世界各地消费者的欣然接受，消费迅速增加。

　　可口可乐之所以一百多年深受消费者喜爱，从而持续畅销，"7X 配

方"是其质量的支柱。

众所周知，可口可乐这么一种大众饮料，基本上是几种物质的混合物，即糖、碳酸水、焦糖、磷酸、咖啡因和"失去效能"的古柯叶及椰子果。可以说，其配料的99％以上是可以分析出来的。但有不到1％的"7X号物品"却有着100多年的秘密，对谁也不告知此秘方，只有严格挑选的几个人知其秘密。如果需验查这秘方，他们必须到信托公司去，首先提出申请，经过信托公司董事会批准，在官员监视下，在指定时间内打开秘方的保险库门。

不管生意发展到多大，可口可乐经营者对于"7X配方"，绝对不告知也不转让。可口可乐正是长期做到绝对保密，使化学家和竞争者花了上百年时间去研究，至今仍未得到要领。这一保密经验，很值得现在经营者借鉴。

为了扩大业务，可口可乐公司不断进行推销，但均是推销可口可乐的浓缩液，绝不出售技术诀窍。自从1926年在古巴开设第一家可口可乐生产工厂以来，现在已发展到有近百个国家开设加工厂了，在我国的北京、广州、厦门等地都有合作生产，但"7X"浓缩液却均从美国总公司运来。

一种饮料竟然每年能做近500亿美元的大生意，其产品生命周期百年不衰，现在全球人们每天喝下20多亿罐可口可乐，可说创下了经营史上的奇迹。这个奇迹的产生，一个重要因素是可口可乐的老板们始终坚持"百年大计"经营方针，绝不做"杀鸡取卵"、急功近利的生意。正如大众所知的，一般工业产品的生命周期10多年，甚至三四年，但可口可乐的经营者针对这个问题，不论什么情况下都不告

知不转让自有的技术诀窍，避免了市场上同类产品的自相残杀，可谓用心良苦。

对于一个企业来说，一条信息就意味着一个商机，甚至决定着这个企业的兴衰成败。因此，作为企业领导者，一定要站在企业生死存亡的高度，提高警惕，切实做好内部的保密工作。

贪图私利失去信任

原典

厚敛薄施者凋。

译文

只知道不择手段地敛财，榨取民脂民膏，对老百姓的苦难视而不见，这样下去朝纲政权迟早要凋败。

爱财似乎是很多人的天性，如果是老百姓，耍点小聪明，贪点小财，也无可厚非。但若站在领导者的位置上，若想成就一番事业，就不能太看重钱财了。钱财有其两面性，有了它固然可以荣华富贵，但也可以令你祸害缠身。在面对这些问题时，保持清醒的头脑还是必要的。

五代时，后唐的皇帝李存勖以救国救民号召百姓，招募将士，先后灭掉了后梁等国，势力达到了顶点。

天下略为安定后，李存勖开始贪图享乐，他对大臣们说："我军征战多年，今日有成，应该休息罢兵，享受太平生活。"

李存勖从此不理朝政，天天忙着看戏玩乐，一些忠直的大臣也被他疏远了。

皇后刘玉娘特别爱财，她把国库窃为己有，积攒了堆积如山的财宝。她任用自己的亲信做捞钱的肥差，四处暴敛，到处横征，百姓怨声载道。

忠心的大臣把刘玉娘的行为报告给了李存勖，他说："当天下人的君主，应该关心天下人的生死，这样人们才能爱戴他，国家也会安定。现在皇后只顾自己捞钱，全不管百姓如何生活，这样下去要出大事的，皇上一定要好好管教她。"

李存勖这时也失去了往日的爱民之心，他为皇后辩护说："筹钱粮，救民于水火，百姓一定会感激皇后的仁德，誓死保卫国家。"

刘玉娘把国库的东西视为自己的财产，她拒不交出赈灾，还生气地说："你是宰相，救济百姓是你的事，与我有什么关系？"

她只拿出两个银盆，让宰相卖了当军饷。宰相长叹一声，掉头就走，他对自己家人说："皇上、皇后只为自己享乐积财，这样怎能治理好国家呢？他们太自私了，国家一定会灭亡，我们也另做打算吧。"宰相也不管事了，朝廷陷于瘫痪。

时间不长，大将李嗣源就率兵反叛。李存勖领兵平乱，愤怒的士兵纷纷投向叛军，不愿再为李存勖卖命。

李存勖见事不好，急忙用重赏安稳军心，他对士兵们说："我带领你们打天下，绝不是为了我自己，是为了你们啊！这次如果平定了叛乱，你们每个人都有重赏，我说到做到，绝不食言！"

士兵们早不相信他了，这时见他还在说谎，不禁更加愤怒。他们发动了兵变，乱箭射死了李存勖。刘玉娘逃进了尼姑庵，也被士兵搜出，把她绞死。

李存勖、刘玉娘平时不知关爱将士百姓，只顾自己享受捞钱，结果导致国家灭亡，他们死不足惜。

一心为一己之私只顾敛财的人是干不成大事的，他可以利用人于一时，一旦被人识破真面目，所有人都会离开他，反对他。为多数人谋取福利，首先要放弃个人的私利，这样才能办事公平，赢得世人的信任。

正所谓，无欲则刚强，无私才博大。有的人把个人的利益、名声、地位、权势看得高于一切，地位略有动摇，利益稍有损失，权势稍有削弱，就看成是大祸临头，结果生活得非常痛苦。只有解脱名利的羁绊和生死的束缚，只有我们完全从自我占有、自我为中心的心态中超脱出来，这时心灵世界才能像浩瀚的天空，任鸟儿自由飞翔。

奖罚不明祸害无穷

原典

赏不服人，罚不甘心者叛。赏及无功，罚及无罪者酷。

诡智一本经

素书

 译文

给有功者以奖赏，却导致很多人不服，惩罚有过失的人，却让他心有不甘，这都会导致下属离心叛德。奖赏那些无功之人，惩罚那些无罪之人，这都是昏庸的酷吏的做法。

奖赏和惩罚是管人用人必需的手段，用好了事半功倍，如果用不好不但事倍功半，搞不好还会出乱子。问题是，怎样才能用好这一手段，让它发挥最大的效用呢？很简单，最基本的要求就是做到公正、分明。

奖与罚是重要的管人手段之一。奖与罚一定要分明，该奖就奖，该罚则罚，否则就会给组织种下祸根。

在我国古代，对赏罚分明四个字分外重视。人们认识到，国家兴衰、朝代更迭大半因用人不当，用人不当大半与赏罚不明有关。

对于奖罚分明的重要性，早在战国时期的魏惠王与其大臣卜皮的一次对话就说明了问题。

魏惠王问卜皮："你担任地方官的时间很久，和百姓接触的机会最多，应该听过百姓对寡人的批评吧？""百姓都说大王很仁慈。"魏惠王听后大喜："是吗？果真如此，国家一定能治理好。""不，相反，国家快要灭亡了。"魏惠王愕然："寡人以仁慈治国，这样有错吗？"卜皮答道："陛下只想给天下百姓仁慈的形象，就不能居人之上。所谓的仁慈包含怜悯、仁心、宽厚、慈祥。如今即使百姓、大臣犯罪，陛下在处罚他们时，也会踌躇不前。有过而不罚，无功却受禄。天下人都会看不起大王，百姓也会放肆。臣说国家快要灭亡，就是这个道理。"

北魏时，尚书驾部郎中辛雄为人贤明，对下属赏罚分明，处理政事公正无私。他还曾上疏说："一个人所以面对战阵却能忘记自身的危险、冒犯白刃而不害怕的缘故，第一是追求荣誉，第二是贪求重赏，第三是害怕刑罚，第四是逃避祸难。如果不是这几个因素，那么就算圣明的天子也无法指挥他的臣下，慈祥的父亲也无法劝勉他的儿子了。圣明的天子知道这种情况，因而有功必赏，有罪必罚，使得无论亲疏贵贱勇怯贤愚，听到钟鼓的声音，看到旌旗的行列，无不奋发激昂，争先奔赴敌阵的，这难道是他们讨厌长久地活着而乐意快死吗？利害摆在面前，是他们欲罢不能罢了。自从秦、陇叛变，蛮左造反，已经过了几年，三方面的军队，战败多而战胜少，追究他们的原因，确实是由于赏罚不明。陛下尽管颁下明诏，随时赏赐，但是将士的功勋，经年不能决定，逃亡的士兵，平安在家，因而使得守节的人无所羡慕，一般的人无所畏惧。前进攻打贼寇，死亡临头而赏赐遥遥无望；撤退逃散，生命保全却没有罪刑，这是使得士卒看见敌人就沮丧奔逃，不肯全力打仗的缘故。陛下如果真能号令必信，赏罚必行，那么军中士气一定大增，贼寇一定会平定了。"

古人尚且明白这个道理，作为一个现代管理者，更应该认识到奖罚分明的重要性。如果奖罚不分明，其后果是相当糟的。

首先会打击员工的积极性。如果一个管理者奖励了一个不该奖励的员工，而把应该奖励的忽略了，把优秀的员工晾在一边不管不问，这会严重挫伤他们的积极性，并且使人们形成在这个公司出色地工作还不如投机取巧的想法。

再者奖罚不明会失掉优秀人才。在一家小型炼油厂里，有个肯钻研的小伙子，他通过多年的实践经验并通过理论摸索，总结出了一套改进设备以提高出油率的先进方法。他把这个方案提交给他的主管，主管却不屑一顾，并对他说："我招你来是为我做事，不是叫你去干那些不三不四的事，这样不是耽误我的事吗？回去给我好好干活吧！"

按理，主管应该提倡技术革新，对从事技术革新并做出成绩的下属要大加赞扬并且予以奖励。而这个主管不但没有给做出技改成绩的下属以奖励，反而把他臭骂了一顿，致使那个员工回去之后，愤而离开，转投到另一家炼油厂去了。

在管人过程中，奖励和惩罚是两种不可缺少的手段，奖罚分明会对一个组织的有效运转起到非常积极的效果。对有功者的奖励必然应伴随着对无功或有过者的惩罚。二者不仅要相互结合，不可分割，而且要泾渭分明。管理者如果不能做到奖罚分明，还不如不奖不罚，因为奖罚不明所引起的不良后果远比不奖不罚大得多，甚至会使结果偏离初衷，从而导致人心涣散、组织混乱。

好听的话有毒，逆耳之言受益

 原典

　　听谗而美，闻谏而仇者亡。

译文

听到无益的谗言，就感觉心里很舒服，看到那些上谏忠告的人就像看到仇人一样，这样的当权者除了灭亡没有第二条路可走。

当领导的最容易犯的过失有三：一是好谀，二是好货，三是好色。英明的领导人可以避免珍宝美色的诱惑，但最难避免的是阿谀奉承。往往最初有所警觉，日久天长，慢慢就习惯了。最后听不到唱赞歌，甚至唱得不中听就开始生气了。到了对歌功颂德者重用，犯颜直谏者仇恨的地步，倘不知悔改，那就要走向灭亡了。

有人会说，每个人都爱听好听的话。好听的话的确能够使人精神愉悦，同时又长面子，可是有些好听的话犹如漂亮的罂粟花，开放时美丽，而结果却有毒。

"耳中常闻逆耳之言，心中常有拂心之事，才是进德修行的砥石。若言言悦耳，事事快心，便把此生埋在鸩毒之中也。"一个人如果常听难以入耳的忠言，常遭遇使心中不悦的难事，就能修心养性，提高自己的品德；相反，假使一直听悦耳的话，行事又很顺利，就会自然而然地松懈下来，如同中了鸩毒一般，此生再也无望了。

闵公元年，管仲向齐桓公进谏："宴安鸩毒，不可杯也。"原来齐桓公爱姬甚多，常在后宫饮酒作乐，管仲见了很担心，就把酒色比作鸩毒，劝诫齐桓公勿近醇酒妇人。齐桓公毛病很多，由于有管仲辅佐治国，对管仲的批评也能接受，才使齐国成为春秋五霸之一。事情到管仲去世后，就发生了变化。

管仲死前齐桓公去看望他，并问他："仲父病成这个样子，有什么话要和寡人说吗？"管仲劝他离易牙、竖刁、常之巫这些人远点。

齐桓公说："易牙把自己的宝贝儿子煮熟了让我尝鲜，这么忠心耿耿的人还值得怀疑吗？"

管仲说："人之常情，谁不疼爱自己的孩子？既然他可以忍心烹杀自己的儿子，那么将来对你，还会有什么不忍心的事情不能做呢？"

桓公又问道："竖刁把自己阉了以亲近寡人，这样的人也值得怀疑吗？"

管仲回答道："按人之常情来看，没有不爱惜自己身体的。能下狠心把身体弄残了，那么对国君有什么下不得手的呢？"

桓公又问道："常之巫知道人的生死，能治重病，这样的人也值得怀疑吗？"

管仲回答道："死生，是一定的；疾病，是人体失常所致。主君不顺其自然，守护根本，却完全依赖于常之巫，那他将对国君无所不为了。"

桓公又问道："卫公子启方，事奉寡人十五个年头了，他父亲死时都不肯离开寡人回去奔丧，这样的人也值得怀疑吗？"

管仲回答道："按人之常情来说，没有不爱自己生身父亲的。他父亲死了都不肯回去，那对国君又将如何呢？"

管仲死后，齐桓公开始时还记着管仲的劝告，将这些人赶出了宫外，可是非常不习惯没有这些人的日子，又将他们接回来了。齐桓公将管仲的劝告置之脑后，重用易牙、竖刁等人。这些人投其所好，阿谀谄媚，齐桓公在他们的奉承下，上进心尽失，政治渐渐腐败，他自己还觉得没有不妥，说："仲父的话是言过其实了。"齐桓公生病的时候，这几个人

一同叛乱。他们在桓公寝室四周筑起围墙，禁止任何人入内。这时，桓公哭得鼻涕横流，感慨道："唉！还是圣人的眼光比我们远大呀！若是死者地下有知，我还有什么脸面去见仲父呢？"说罢，自己扬起衣袖捂住脸部，气绝身亡，死在寿宫。尸首无人理睬，以致腐烂发臭，蛆虫爬出门外，上面只盖一张扇，三个月没人安葬。

从此，齐国的霸业也骤然衰落了。

齐桓公的死可以说是他自己一手造成的，他的悲剧提醒人们，如果听不到批评意见，听不进难以入耳的忠言，就认识不到错误，察觉不了灾祸，无法提醒、鞭策自己，如此，是件很危险的事；整天被赞扬的话包围，赞美之词不绝于耳，就像喝含有"鸩毒"的美酒一样，听多了就会丧失警觉，削弱自己奋发向上的精神，沉湎在自我陶醉的深渊中，积羽沉舟，最终毁了自己。

"知足知止"才是明智之举

原典

能有其有者安，贪人之有者残。

译文

能珍惜自己有的，则心安理得，朝夕泰然；贪求别人所有的，始而寝食不安，继而不择手段，最后就要铤而走险。最终的结果轻则身心交瘁，众叛亲离；重则锒铛入狱，灾祸相追。所有的祸害和痛苦都是贪念从中作梗。

老子曾针对当时社会中某些人丧失自我于物欲、迷失本性于世俗的现象，阐述了修身养性的道理。他认为"圣人为腹不为目，故去彼取此"——圣人对生存的条件并不苛刻，他们没有过多的贪欲，只追逐内心的满足。

像老子这样对人与社会认识透彻的人，对于人生的态度是不会过于激进的。他们知道人事的微妙和社会的错综复杂，如履薄冰是他们真实的感觉，很少有放松的时刻。烦恼都是因事情而起，而好事也绝非那么的单纯。其实，人们眼中的美事儿有许多都是虚幻的，它们能让人逐步堕落，过分的追逐物欲只能给人们带来一时的快乐，而引发的祸患却是长久的。

春秋时期，越国被吴国打败，越王勾践带领残兵逃到会稽山上，被吴军团团围住。勾践派人向吴王夫差请降，夫差不答应，勾践几乎绝望了。

这个时候，勾践的谋臣文种、范蠡为他出主意说："吴国大臣伯嚭十分贪财，他现在正受夫差宠信，如果用重礼向他行贿，他一定会为我们说好话的。"

勾践于是让文种带上大量金银财宝，又选了八位美女，前去求见伯嚭。

伯嚭偷偷地接见了文种，他一见重金和美人，心中就高兴起来。文

种对他说："我奉命来见你，是不想让好事给别人占去啊。财宝和美人都在这，只要你肯替我家大王美言几句，让吴王退兵，这些就都是你的了。"

伯嚭说："越国灭亡了，越国的东西都会归吴国所有，这点东西又算得了什么呢？你是骗不了我的。"

文种早有准备，他马上说："如果是这样，越国的一切也是都归吴王所有，你是得不到半点好处的。何况只要越国不亡，我们定会时时记得你的恩德，进献永远不会停止。这是天大的好事，聪明人是不会拒绝的。"

伯嚭觉得文种说得在理，于是收下美人和财宝，答应替越国求情。

伯嚭的一位心腹看出了问题，他对伯嚭说："越国送钱送人，看是好事，实际上这是陷你于不义啊！他们现在有求于你，才会这样，哪里是他们的真心呢？收下礼物，以后的麻烦就大了。"

伯嚭不听规劝，从此百般在吴王面前说勾践的好话，越国终于保存下来。

勾践在吴国做人质期间，文种给伯嚭送礼无数，从未间断。伯嚭不停地为勾践进言，帮助他回到了越国。

勾践灭掉吴国后，伯嚭自以为有功，欢天喜地拜见勾践。勾践对他说："你贪财好色，出卖自己的国家，还有脸见我吗？"

勾践杀了伯嚭，他的家人也一个不留。

伯嚭让主动上门的好事迷住了双眼，不厌其多，结果搭上了自己和全家人的性命，还断送了吴国。他不问青红皂白，见好事就要，这是他贪婪幼稚的表现，注定要有那样的下场。

古人因为贪欲而丢权丧命的不在少数，而现代人却依然没有感悟老子的这方面智慧——有些人认为，"吃点拿点收点，不算什么大问题"，这种自谅心态使他们忽视了贪欲之害。

清乾隆年间最风光大臣非和珅莫属，其实和珅的一生从另一角度来说是非常成功的。他由起初的一名默默无闻的三等侍卫，成长为皇帝身边的红人，不论是说他会拍马溜须也好、有真才实学也罢，总的来说他是成功的：乾隆在位时，他可谓呼风唤雨，乾隆对于他的贪污之事并非全无不知，然而由于对他甚为喜爱，也就睁一眼闭一眼了。

和珅之死，一个是与乾隆的退位有关，另一个就是他过于贪得无厌的缘故。据查抄时记载：他的家产中包括了无数的奇珍异宝，有的甚至皇宫里都不曾拥有。他的家产折合了两亿六千四百万两白银，还有许多价值连城的宝物无法估价。如果按现在的估价一算，大概和珅拥有11亿多两白银的资产，简直富可敌国。

这么多的资产是和珅不知疲倦、不知休止地贪污而来的。也可以说这些资产加速了和珅的灭亡，是他的催命符。试想下，如果和珅能够适可而止，在乾隆退位之后，他也不至于人头落地而一无所获。

所以说做人不要过分追逐那些"生不带来死不带去"的虚空幻物，各种贪欲就不会成为扼杀我们美好人生的隐形杀手。换句话说，人生少一分贪念，便会多一分快乐、多一分幸福。

"知足知止"才是明智之举，尽管这样不会得到很多，然而它却可以让我们拥有某些实在的东西，更不会为了无底的欲望而丢掉性命、一无所得。

第六章

安礼

——顺应世理才能做成事

　　黄石公在本章所言之"礼"，其意义已经超出了一般形式意义上的礼数，其本质足以上升到"理"的高度。所谓"理"，就是一个人安身立命、成就伟业的做事手法，更是一个有纲领性质的指导方针。当你感觉世间艰难，处事不顺时，原因可能就在于你没有遵循这个"理"。

"未雨绸缪"胜过"亡羊补牢"

原典

患在不预定谋。

译文

不在事前做好谋划，在问题发生之前不做好防范的准备，这都是失败的根源。

在大家的心目中，能够做到未雨绸缪、防患于未然的人都是有大智慧的人。事实上，早在几千年前老子就发表过此言论，他说："其安易持；其未兆易谋；其脆易泮；其微易散。为之于未有，治之于未乱。"就是鼓励人们在没有发生危险之前，进行全面的谋划，提高对危险的预测能力，能够达到防患于未然、减少损失的目的。

"未雨绸缪"的确要比"亡羊补牢"强得多，至少不会丢掉"亡羊补牢"中的那只羊。这虽然是调侃，但却是事实。历朝历代都不乏那些未雨绸缪、预测能力非凡的智者，可以说这些智者中，最重要的一位非

诸葛亮莫属了：他的预测能力简直达到了一种神乎其神的地步——如果说赤壁之战借东风是观天象而得的结论；那么在让孙权"赔了夫人又折兵"的较量中，不能不说明他的预测之神了。

《三国演义》中记载：刘备和诸葛亮"借"了荆州后，毫无归还之意。周瑜正苦于讨还荆州无计可施，忽闻刘备丧偶，便计上心来，对孙权说："你的妹妹很漂亮，刘备刚刚死了老婆，我们不妨来个美人计，以联姻抗曹的名义向刘备招亲，把他骗到我们这里幽禁起来，逼他们拿荆州来换。"孙权一听这个主意不错，就立刻派人到荆州招亲。

刘备听了使者的话，不知是否有诈，很是犹豫不定。诸葛亮思考了一会儿，对刘备说："您只管去吧，让赵云陪您去。我自有安排，包您得了夫人又不失荆州。"刘备和赵云出发之前，诸葛亮暗地里关照赵云："我这里有 3 个锦囊，内有 3 个妙计，到孙权那里打开第一个；到年底打开第二个；危急无路时打开第三个。"赵云点头，把锦囊收好。

刘备、赵云带了 500 名士兵到了孙权那里，孙权假装做出很守信用的样子，表示愿意把自己的妹妹嫁给刘备。事实上，他只想暂时把刘备稳住，好把他困在此处，并不真想把妹妹嫁给刘备。现在应该怎么办呢？赵云打开了第一个锦囊，上面写着：将计就计。赵云心中有了主意，便命令士兵去购买结婚用品，并到处宣扬："刘备要和孙权的妹妹结婚了！"他还劝刘备去拜见乔国老。

乔国老把这件事告诉了孙权的母亲。孙权的母亲一听大怒，召见孙权骂道："男婚女嫁乃人生大事，怎么我做母亲的竟然不知道女儿要出嫁？那个刘备是个什么样的人我总得见见吧？"于是传令在甘露寺相亲。老太太与刘备见了面后大喜，没想到刘备是个仪表堂堂、气度不凡的人，便同意把女儿嫁给刘备。这下子，孙权是哑巴吃黄连——有苦难言，只好依了母亲，把妹妹嫁给了刘备。

出主意的周瑜也是苦不堪言。一计不成，又生一计。他对孙权说："刘备是苦出身，极少享乐，现在可以利用声色犬马迷住他，离间他们上下级的关系，到时再出兵夺取荆州。"孙权听了周瑜的话，觉得有理，便给刘备提供各种各样的玩意儿，让刘备玩得乐不思蜀。刘备和孙权的妹妹关系也非常好，两个人过得很幸福。

赵云见刘备迷恋新婚生活，不打算回荆州了，心里很苦恼。恰好到了年底，他想起了诸葛亮的锦囊，便打开了第二个，看后心领神会。他向刘备报告："曹操出兵 55 万要报赤壁之仇，荆州危急，主公宜速赶回。"刘备大惊，第二天就带着夫人，借口到江边祭祖，一路朝荆州方向飞奔而去。

孙权知道真相后，急派人马追赶，又派周瑜的队伍在前方挡住去路。眼见情况危急，赵云打开了诸葛亮的第三个锦囊，把里面的妙计给刘备看。刘备依计向夫人哭诉，说孙权、周瑜利用美人计想诱杀自己。孙权的妹妹与刘备的感情一直很好，她早已把自己和刘备的事业紧紧联系在一起。听了刘备的话，她非常气愤，便走出座车，对追赶上来的士兵严词斥骂。将士们见孙权的妹妹发火了，便让开大路让刘备他们通行。

刘备和士兵们走到荆州地界的时候，周瑜又率兵赶到，结果被诸葛亮早已布下的伏兵杀得丢盔卸甲，大败而回。

诸葛亮不愧是一个预测大师，在刘备出发之前，他已经周密地思考了敌我双方的力量及可能出现的问题，提出相应对策，因此，刘备和赵云才能够在紧要关头做到处变不惊，逢凶化吉。

　　由此我们不难看出，是否具有预测能力对于一个人成就事业是十分重要的。然而对于那些不屑思考或者不懂得未雨绸缪的人来说，失败与痛楚则成了他们忠实的"随从"。

　　所以在事情没有发生之前，一定要学会运用发散性思维，全方位地思考问题，将各种可能发生的情况都纳入考虑的范畴，采取排除法，最终确定一种或几种最有可能发生的情况，然后针对情况准备，那样便能将危险和损失降到最低。

善有善报，恶有恶报

原典

　　福在积善，祸在积恶。

译文

　　时刻记得积善的人一生幸福平安，平日里作恶多端，总有一天会遭到恶报，大难临头。

　　就像刘备在临死的时候，吩咐他儿子的那两句话："毋以善小而不为，毋以恶小而为之。"刘备这样一位枭雄，仍对自己的儿子作这样的教育。我们看历史传记，常常提到某某人的上代，做了如何如何的好事，所以某某人有此好结果。

"善有善报，恶有恶报"这句古老的箴言，仔细品味，的确能咀嚼出于今人生活实践有益的营养。

"善有善报，恶有恶报"表达了善良人们的强烈心理期待。拉法格在《思想的起源》一书中向人们描述了原始人对善恶有报的深切渴望。其实，文明人又何尝不是如此？正义的理念无论怎样千变万化，"善有善报，恶有恶报"始终是正义一成不变的内涵之一，文明人类早已把善恶有报嵌入正义的深层结构之中。也许正是对善恶有报的渴望，才有对善无善报、恶无恶报的一些现象的控诉，及古代社会对清官的祈盼与向往和宗教对来世报应的虚设。因此，顺乎民心，自然包括尽可能地满足老百姓善恶有报的愿望。

"善恶有报"，在滚滚的历史洪流中积淀下来的这沉甸甸的四个字，似有一种神奇的力量，总能让善良的人最终都能与平安幸福相伴。没错，老天的眼睛是雪亮的，助人者天助。

业精于勤荒于惰

 原典

饥在贱农，寒在惰织。

译文

忍饥挨饿的人大多是因为鄙视农业劳动，在寒风中哆嗦的人大多是因为懒于养蚕织造。

一直以来，勤劳都是我们中华民族最令人称道的传统美德。我们的祖先在那个蛮荒年代用勤劳和汗水创造了辉煌灿烂的中华文明，从而跻身于世界四大文明古国之一。直到今天，与"中国人"这三个字联系最紧密的仍然是"勤劳"。

具体到一个人，勤劳更是他安身立命的最重要的品德之一。自古以来，没听说过哪个懒汉有过什么作为，受到人们讽刺的故事倒是不少。

从前，某地有一个懒到极点的人。因为这个人实在懒得什么事也不肯干，所以，最后拿到 3 个饭团，被赶出了家门。

"上哪儿去呢？"

懒汉不知去哪儿才好，没办法，就把装有饭团的包裹吊在脖子上，毫无目标地漫不经心地走着。可是走着走着，肚子饿起来了。

"啊！肚子饿了，真想吃饭团儿啊，可是要取出来吃，太麻烦了！"

真是一个少见的懒汉，他为此忍着饥饿。

"怎么没人来呀，要是有人来的话，就请他帮忙解开包裹。"

他边走边想着，这时，从对面走来一个头戴斗笠、张着嘴巴的男人。

"嘿嘿，莫非他饿慌了，才把嘴张得这么大？"

他这么想着，等他走过来。

"喂，能不能替我解下吊在脖子上的包裹啊？里面还有 3 个团子呢，让一个给你怎么样？"

于是，那男人回答说："你说什么呀，我的老弟，我正愁斗笠的绳子松了，而系起来又是那样的麻烦，所以才张开大嘴，好让下巴去绷紧那绳带啊！"

或许故事过于夸张，生活中并不存在如此懒惰的人，但是懒惰带来的恶果却是切切实实存在的。

懒惰的习惯让人一事无成，让人总是等待机遇而不是主动追求，有了行动也主动放弃；懒惰的习惯令人厌倦几乎所有的事，对任何的事情都不感兴趣，也没有任何动力；懒惰使人总是浑浑噩噩，不知道自己要干什么，庸庸碌碌度过自己的一生。

贫穷不是罪，但因懒惰而导致贫穷则是一种罪。懒惰让我们失去目标，失去热情，失去机会，即使是天赐良机摆在我们身边，我们也对它视而不见。这样的人，你说他对得起上苍给我们安排的美丽人生吗？

达·芬奇曾经说过："勤劳一日，可得一夜安眠；勤劳一生，可得幸福长眠。"如果一个人懒惰一天，那便是浪费了一天的光阴，可能浪费了一个绝佳的成功机会；如果一个人懒惰一生，那就是毁了自己的人生，让自己带着失败的烙印走向死亡。

每个人都有允许自己偷懒的时候，但是成功者与失败者的区别在于对待偷懒行为的不同方式。成功者在心里有一个目标，也有一条准则，准则是督促着自己不要懒惰，要向目标不断迈进。而失败者则放纵自己懒惰，并任由懒惰成为一种习惯，仿佛在享受一种闲适，其实在虚度自己的人生。

或许有的人会说，自己天赋不错，比起其他人来说有懒惰的资本。别人忙一周的工作我只需要一天就通通搞定。但是如果你仅仅将标准放

在那些天赋不如你的人身上，总有一天，他们也将超过你。

懒惰可以毁人，而相对的，勤劳却可以成全一个人。

唐朝大文学家韩愈说过一句经典的名言：业精于勤荒于嬉，行成于思毁于随。后来有一个人把这句让多少人受益终生的经典发挥到了极致，他就是齐白石。

齐白石小的时候，家里生活艰难。读了半年书，他只得辍学打柴放牛。他从小爱好绘画，但由于家境的贫苦，买不起纸墨，便用废账簿和习字纸练习绘画，常常到深夜。12岁后，因体弱无力耕田，改学雕花木工，为了寻求雕花新样，与绘画结下了不解之缘。有一年，他偶然得到一部残缺的乾隆年间翻刻的《芥子园画谱》，喜不自禁，反复临摹起来，逐步摸到了绘画的门径。

齐白石27岁那年正式从师。从此，他数十年如一日，几乎没有一天不画画。据记载，他一生只有三次间断过：第一次，是他63岁那年，生了一场大病，七天七夜昏迷不醒；第二次，是他64岁那年，他的母亲辞世，由于过分悲恸，几天不能画画；最后一次，是他95岁时，也因生病而辍笔。

三次加起来也仅仅一个多月的时间。他一生作画四万余幅，吟诗千首；他自乐"三百石印富翁，"其实，他治印共计三千多万，被著名文学家林琴南誉为"北方第一名手"，与他的画齐名。

齐白石直到60岁前画虾还主要是靠摹古。62岁时，齐白石认为自己对虾的领会还不够深入，需要长期细心观察和写生练习。于是就在画案上放一水碗，长年养着几只虾。他反复观察虾的形状、动态。然而，这个时期的功夫，依然还是侧重在追求外形。画出的虾外形很像，但精神不足，还不能表现出虾的透明质感。65 岁以后，齐白石画虾产生了一个飞跃，虾的头、胸、身躯都有了质感。这以后他开始专攻虾的某些部位，画虾不仅追求形似，更追求神似。70 岁达到了形神兼备的程度，到了 80 岁，齐白石老人笔下的虾简直是炉火纯青了。但他仍是非常勤奋。

85 岁那年，他一天下午连续画了四张条幅，直到吃饭时，仍然要坚持再画一张。画完后题道："昨日大雨，心绪不宁，不曾作画。今朝制此补充之，不教一日闲过也。"

真是勤勉不倦。他早年曾刻"天道酬勤"印章以自勉。临终前又留下"精于勤"的手迹以勉人。他还有一块"痴思长绳系日"的印章，足见他一生是何等的勤奋。

1953 年，白石老人已是 89 岁高龄，一年中仍画下了 600 多幅画。

正因为他一日也不"闲过"，在绘画、篆刻方面做出了卓越的贡献，成为世界文化名人。他 90 寿辰时，国务院文化和旅游部授予他"中国人民杰出的艺术家"的光荣称号。

爱因斯坦说："在天才和勤奋之间，我毫不迟疑地选择勤奋，它是世界上一切成就的催生婆。"没错，一勤天下无难事，所有有作为的人都会告诉你，是勤奋成就了他们伟大的一生，所以千万别让懒惰毁了你，一时的偷懒能让人轻松，但要成了一种习惯，那你永远成不了气候。

不可轻易相信也不可轻易怀疑

 原典

自疑不信人，自信不疑人。

译文

自己怀疑自己，则不会相信别人；自己相信自己，则不会怀疑别人。

黄石公的意思是说，是信还是疑，不可一概而论，要分具体情况。自疑疑人，是由于对局势不清，情况不明；自信信人，是由于全局在胸，机先在手。

子曰："众恶之，必察焉；众好之，必察焉。"

孔子说："大家都讨厌的人或事，不要轻易相信，必须自己加以考察后做判断；大家都认为好的人和事，也不要随从，还要自己再观察，然后做结论。"

孔子提出的这一主张，既抓住了人们认识并判断事物的错误所在，又恰到好处地点明了正确认识、判断事物的途径和方法，它是我们为人处世不可忽视的重要策略。历史上大量正反事例，也反复印证了它的必要性。要"不疑人，也不受人欺"，哪一方面有了偏失，都会带来危害。

周公曾辅助周武王灭殷建立周朝，不幸，武王灭殷后，就病重不起。

在武王生病期间，周公十分担忧，便写了一篇祷文，请求上天让自己代武王而死。史官把周公的祈祷记在典册上，放进用金绳索捆的匣子里，珍藏起来。武王逝世后，武王的儿子成王继位，因年纪小，不能管理国家大事，就由周公代理。

这时，周公的哥哥管叔、弟弟蔡叔等人，对周公代管政事大为不满，一方面到处散布流言，说周公要篡夺王位；另一方面组织力量联络已归降周朝的纣王儿子武庚，策划叛乱。周公为避开锋芒，只好避居东都。周成王对这些传言，将信将疑。他看到周公不但在武王执政时期表现出忠心耿耿，尤其在自己年幼即位时，他代管朝政，处理政事井井有条，对自己、对母后也是毕恭毕敬，当自己长成能亲政时，毫不犹豫地把政权交给自己，由此看来，流言不可信。可是不相信吧，又觉得周公是先朝元老，自己年轻力量单薄、根基不牢，流言也绝非空穴来风，一时拿不定主意。不过他并未贸然对周公采取非礼的行动。不久成王发现了周公所写的祷文，才深切地了解到周公对周王朝的忠诚，很受感动，于是派人接回周公，帮助治理国家，并派他率领部队平定了武庚、管叔和蔡叔的叛乱。

对于众人的意见、社会的传言，信还是不信，都不能盲目，既不要盲目相信，也不要盲目不信。正确的态度、重要的途径是必须"察"之。察传言所讲事物的原委、内情，察自己对传言所指对象的了解深度、广度和正确度，尤其要察散布传言者的动机、目的，有了这几"察"，才能尽量不做出错误的举动。

仁义之人自有仁义的朋友

原典

枉士无直友。

译文

对待别人狂妄而邪恶，这样的人不会有正直善良的朋友。

有句话说：你怎样对待别人，别人就会怎样对你。这是处世交友的基本原则。只有真心对待别人，自己才会有真正的朋友。

战国时期，齐国的孟尝君广招天下宾客，不管宾客有无才能，他都一律以礼相待，奉为上宾。

有人劝孟尝君不要这样，说："你志在求取贤人，帮助你建功立业，如今很多无才无德的人混了进来，骗吃骗喝，而你却视而不见？"

"我只不过破费些钱财，可赶走他们，他们就会以我为仇了，谁知道会有什么祸事发生呢？"

孟尝君这样仁义，可有人还是不领情，一个宾客竟勾搭上了他的一位小老婆，暗地里私通。孟尝君知道后并未主张惩治那个宾客，反而为他开脱说："男人喜爱美色，这是人之常情。要怪，也要怪我的小妾淫荡无耻了。如果她遵守妇道，这种事就不会发生了。"

孟尝君的手下人又气又怒，坚持要把那个宾客治罪，他们说："你讲仁义，原谅他人的过错，所以他们才会胆子越来越大。如今这种无耻的事都出来了，再不严办，我们都没脸待下去。你三番两次替坏人说话，你到底为了什么呢？"

孟尝君说："为了我自己啊！我树大招风，说不上哪一天就会大难临头，到了那时，只有我的仁义才会救我。人心都是肉长的，我今天给人留条活路，他日人家才会卖力帮我。这也是我不咄咄逼人的原因。"

一年之后，孟尝君又推荐那个宾客到卫国为官。那个宾客感动万分，日夜思想报答孟尝君的恩情。

后来，齐国和卫国关系恶化，卫国国君想要联合其他诸侯攻打齐国。这时，那个宾客冒死进谏，他对卫国国君说："我并没有什么才能，多亏孟尝君的推荐，这才被大王器重。大王和齐国交战违背盟约，也不会占什么便宜，不该草率。大王如果坚持攻打齐国，我就死在大王的面前。"

在那位宾客的努力下，齐国避免了战祸，度过了危机。孟尝君受过多次挫折，都依赖他的宾客之力一一化解。他关心别人，为他人着想，结果受惠最多的还是他自己。这就是他屹立不倒的根本原因。

许多人求功心切，为了自己的目的，损人利己，他们认为只有这样才能快快有成，其实他们大错特错了。成功需要别人相助，灾难更需要他人援手克服，没有朋友便会死路一条。如果一个人极端自私，人们自会处处和他过不去，拆他的台，这样的人绝不会有大成就的。

"一分耕耘，一分收获"，我们不要总想学会如何去得，而是要学会如何去舍，懂得了付出才会懂得取得，有付出才能有回报，没有无回报的付出，同样也没有无付出的回报，付出越大，回报越大。为人为己也

是如此，只有为别人着想，别人才会反过来帮助自己。

既要能力非凡又要谦恭待人

原典

山峭者崩，泽满者溢。

译文

山太高而又过于陡峭就很容易崩塌，河泽里的水太满了就容易溢出来。山峭崩，泽满溢，是自然常理。

黄石公以此来警戒为人做官切勿得意忘形，以免翘起尾巴不思进取。当人处在危难困苦之时，大多数人会警策奋发、励精图治；一旦如愿，便放逸骄横目中无人。因此古今英雄，善始者多，善终者少；创业者众，守成者鲜。这也许是人性常有的弱点吧。故而古人提出"聪明广智，守以愚；多闻博辩，守以俭；武力多勇，守以畏；富贵广大，守以狭；德施天下，守以让"，作为矫正人性这一弱点之方法，不可不用心体味。

管理者最怕什么？最怕被下属瞧不起。在下属眼里，合格的领导就应该无所不知，无所不能。尽管这很困难，但最起码首先应该让自己成为工作上的内行。

打铁先要自身硬。管理者如果没有过硬的真本领，就无法让下属信服，无法坐稳自己的位置。在越来越普遍的"能者上"的机制下，加强自身建设，提升自己的竞争力，无疑是现代管理者应时刻牢记在心的第一原则。

管理者要不断补充和丰富自己的知识，尽可能地精通和熟悉业务，要有较为扎实的理论功底，成为管理内行，具有胜任本职工作的专业知识和管理才干。

才从何来？来自学习。一是从书本中学，二是在实践中学，并善于用科学理论之"矢"射工作实践之"的"。同时，还要十分重视专业知识的更新学习。要坚持深入实际，在实践中丰富和提高自己，在实践中学会观察事物、分析问题、解决问题的基本方法，提高组织管理、协调驾驭和处理各种复杂问题的能力。只有这样，才能避免瞎指挥和决策失误，工作起来才能让人信服。

管理者拥有了非凡的能力之后，也不要因此而傲气十足。管理者怕被下属瞧不起，下属同样也怕被领导瞧不起。作为领导一个团队的管理者，应当养成谦恭待人的习惯，凡事不可太张狂、太咄咄逼人。这不仅是有修养的表现，也是提高自我形象的策略。

越是优秀的管理者就越显得谦和，他们并不会因为自己的优秀和高位而自大，他们懂得从别人身上吸取长处来充实自己。当遇到技术难题或有不明白的地方时，他们会谦虚地向同事和下属请教。

在工作中与同事及下属相处，懂得谦虚就是懂得人生无止境，事业无止境，知识无止境。千万不能为了突出自己一再地表现带有炫耀的成分，更不能为了表现自己而把自己的长处挂在嘴边，在无形之中贬低别

人抬高自己。这样，不仅会让人生厌，还会被人看不起，更严重的是你可能会伤害到某一个人，而周围的人也会逐渐地离开你。这样，在无形之中，你就为自己设置了许多障碍，增加了开展工作的难度。

谦逊有着令人难以置信的力量，它是自信与高尚的融合。有谁会愿意为一个自高自大、目空一切的领导打天下呢？

在众人之中一定有值得我们学习的东西，因而要虚心学习别人的长处，把别人的缺点当作镜子，对照自己，有则改之，无则加勉。所以，敏而好学，不耻下问，虚怀若谷，应该成为每一个管理者的座右铭。

对于多数管理者来说，虽然很多时候并不是有意表现出心高气傲，但也同样存在着注意谦虚的问题。所以说，平等待人，不自恃高人一头，在一般情况下是不难做到的，但是如果要做到不管自身发生任何变化，都能时时处处谦和让人，就需要注意以下两个方面：

正确地评价自己。试着重新认识自我，不妨将优点和缺点各列一个清单，细加对照，恰如其分、客观公正地作一次评价，并认真地从内心问自己，我真的就十全十美吗？我有多少知心朋友和"铁杆"下属？它会使你幡然猛醒：一味地自高自大，使得自己忽视了自己的缺点，并与周围人们的关系形成了不和谐的音符。

遇事从他人的观点、立场来思考问题。这样做有助于发现别人的长处，避免自己的短处，从对别人的认识里来形成自我形象。对人的认识越全面，自我形象就越清晰。这样，我们便可学会理解他人、关心他人、尊重他人、帮助他人的处世技巧，改变轻狂浅薄的心理和行为。

处在领导的位置上，保持谦虚谨慎、戒骄戒躁也并不是那么容易。如果你一时还不能完全做到，就需要不断加强自身修养，以提升自己的

能力和形象。

认识一个人要看透他的内在本质

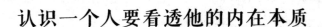

原典

弃玉取石者盲，羊质虎皮者柔。

译文

玉石不分，丢弃了玉，把石头当作宝贝。识人不分贤愚，这样的领导者眼盲心也盲。那些庸才就像绵羊，即使披上虎皮也改变不了他的本质。

孔子说："了解一个人，看他的所作所为，了解他的做事途径和方法，考察他的爱好。这样，这个人的品质还怎么能隐蔽得了呢？"

认清一个人，在很多时候都是一件极其困难的事，尤其是当对方心怀不轨而竭力伪装时。但最根本的原因，恐怕还在于自身的"失察"。

九方皋相马，只看重马的内在品质，而不看重马的外表，这说明他能透过现象看本质，而不是凭第一印象来判断马的优劣。识人也应该如此。诸葛亮曾对识人有过一番精辟的论述，他说人"有温良而伪诈者，有外恭而内欺者，有外勇而内怯者，有尽力而不忠者"，这些话对于今

天的管理者来说，同样具有深刻的启迪意义。

西汉的王莽，为历代诟骂，他篡汉自代，愚弄天下，早已是奸恶臣子的代名词了。

从改朝换代的角度来看，王莽又是一个非同寻常的人物，他完全靠一个人的力量和智慧，没有动用一兵一卒，就完成了夺取帝位、建立新朝的大业，可谓一个奇迹。

王莽的发迹，起初完全得力于他的那个当皇后的姑姑王政君。王莽出身孤寒，父亲早死，他和母亲相依为命，艰苦度日。王政君见其母子可怜，多方照顾，对王莽爱之逾子，怜爱备至。她不顾众大臣的非议和反对，极力提拔王莽，以致王莽38岁时，已是朝廷重臣，身兼大司马之职。

王政君如此行事，有人便向她进言道："王莽虽是皇后的至亲，加恩于他未尝不可。只是王莽外表看似敦厚，其实未必心存感激。一旦尾大不掉，皇后的苦心白费不说，大汉的江山也会岌岌可危。"

应该说王莽的伪装功夫天下一流。虽有臣子进言，王政君却怎么也看不出王莽有不臣之心。她曾私下把王莽召来，对他说："你有今日，非是姑姑之功，乃皇恩浩荡之故。我们王家深受汉室大恩，任何时候，我们都要恪尽职守，报效天子。"

王莽装得涕泣横流，忠心不二，王政君被其愚弄，更是不遗余力地提携他。

有了王政君这个靠山，再加上皇帝年幼无知，王莽欺上瞒下，培植自己的势力，最后被封为"安汉公"，位在三公之上，一手把持了朝政。

位极人臣，王莽并没有心满意足。他要当皇帝，自然遭到身为汉家之后的王政君的反对。刘汉王朝若是不存，她也就失去立足的根基了。她把王莽召来，未待训斥，只见王莽再不像从前那样恭敬，却是傲慢无理地抢先说："我意已决，姑姑就不要多费唇舌了。汉室气数已尽，天命在我，姑姑若是知趣，还是把玉玺交给我吧。"

王政君深知王莽羽翼已丰，再也无法驾驭他了。她又悔又恨，无奈之下，便愤愤地将玉玺摔在地上，以致玉玺有损，缺了一角。

至此，王莽完全撕掉了伪装，他登基做了皇帝，建立了"新朝"。

王政君之所以对王莽失察，原因就在于她只看到并相信了王莽所显现的表面现象，而且这种表象还是虚假伪装的。按照孔老夫子所提出的察人标准，很显然相差太远。因此，她也只好无可奈何地承担其严重后果。

现实生活中，难免会有眼高手低之辈鱼目混珠，他们常常打着高学历、名校毕业、经验丰富的招牌，很能镇住人，但实际工作起来，却根本没有实际操作能力。如此一来，本想借人才之力来快速发展企业，就变成了培训员工；当培训起不到效果时，又要花心思请他们走人。到头来，等于是"赔了夫人又折兵"。

避免这种情况的发生对管理者来说不是件容易的事，谁都难免有看走眼的时候，但它又需要尽量避免。这就需要管理者拥有透过表象看本质的能力。

第一印象往往具有一些欺骗性，管理者应舍得花时间测试每位应聘者，尽力找出他们擅长什么，他们是否真正适合你的工作，他们具有什么工作技能，你是否容易培养和改变他们。

在招聘时，不要完全指望第一次面试就能全面了解一个应聘者。多

研究一下他们的应聘材料，了解一下他们有关的背景，充分地进行面试，才能更有效地避免被表面迷惑。你可以带上你所挑中的候选人员去参观一下企业，观察他们对企业的兴趣程度，询问他们一些问题，让他们讲一下自己所做的事情，并表述一下自己。这样，才有利于发现最合适的人选。

为人不可狂妄

原典

走不视地者颠。

译文

走路的时候，眼不看地，而是仰面望天，没有不栽跟头的。

处世做人不看上下左右的条件限制，自以为是，口出狂言，逞一时之能莽撞行事，这都是不成熟的表现，出差错、栽跟头都在所难免。狂言妄语说出来虽然"虎虎生威"，在某些时候更是显得"豪气"过人，用"没有金刚钻，就别揽瓷器活儿"来反驳这句话再合适不过了。老子也指出"虚而不屈，动而愈出。多言数穷，不如守中"，意思是狂妄的话多说只有弊处而无益处，不如紧守中庸之道，量力而为。

偏偏有一些人与此背道而驰，结果只能落得个身首异处的下场，《三国演义》中，诸葛亮平定南方以后，一出祁山的失败除了诸葛亮的自身原因之外，最大的原因还是马谡的狂言妄语——

《三国演义》里这样记载：诸葛亮正在营中为孟达事泄被杀而懊恼不已，忽有哨探报，司马懿派张郃引兵出关，来拒我师。

诸葛亮闻报大惊："今司马懿出关，不比曹真，他一定会去打街亭，断我咽喉之路。"环视左右问，"谁敢引兵去守街亭？"

参军马谡见丞相先是吃惊，便觉得好笑。谅那司马懿有什么可怕的？便说："末将愿往。"

诸葛亮盯着他，不放心地说："街亭把着要冲，地方虽小，干系却大。如街亭有失，我大军便完了。你虽深通谋略，无奈此地一无城池，二无险阻，把守极难呀！"

"丞相勿虑。再难也得有人把守。末将自幼熟读兵书，精通兵法，又跟在您身边南征北战，耳濡目染。难道还守不住小小的街亭？"

"司马懿非等闲之辈。先锋张郃乃魏之名将，你能对付得了他们？"

马谡就不高兴了，丞相也太小瞧我了。嘴一撇，轻蔑地说："晦，休道他司马懿、张郃，便是曹叡亲来，又有什么可怕的？若有差错，杀我全家好了。"

在这次请命邀功的过程中，马谡有些过于狂妄了，可以说根本没有掂量自己到底有"几斤几两"，之后的布阵失利，马谡虽然逃得性命，然而却为军法所不容，才有了诸葛亮挥泪斩马谡。

《三国演义》中还有一个实例同样是说明狂言妄语自损的，那就是魏延的死因。在当时来说，大多数能够单打独斗胜过魏延的人都已经死

去了，他因此变得过于自负，以至于在被杨仪激怒，问他是否敢大喊三声"谁敢杀我时"，他毫不畏惧地猖狂大笑而发三声"谁敢杀我"，谁知在第三声之时，他就在毫无知觉的情况下命丧马岱之手。

狂言妄语能够给人带来杀身之祸，多言同样能够让你吃尽苦头，故而老子教导大家"多言数穷，不如守中"。老子并不是教人闭口不言，而是要少说多做，因为"言多必失"是一个千古不变的哲理。

做事就要向成功的人靠拢

原典

与覆车同轨者倾，与亡国同事者灭。

译文

跟着将要翻倒的车行进，自己肯定也会翻车；与亡国的人共事，自己难免也会步其后尘。

跟着失败的人走，自己难免失败；向成功的人靠拢，自己也会逐步取得成功。所以一定要学会与比自己更成功的人合作，他们能带给你的，除了有形的帮助外，更有一些无形的影响力。

成功的人因为成功而高高在上，他们对命运已经有了感恩的情怀。

这使他们在人际关系上显得较温和。聪明的生意人总是善于与比自己更成功的人合作，这是因为：

他们是成功的人，所以他们处在社会生活的光彩之中，被人羡慕，有话语权，受到人们广泛的尊重。但他们的成功也不是从天上掉下来的，除了个别人是靠侥幸外，大多数人都有着主观努力的内在原因，应该去和他们分享才对。

走向成功或已经成功的人，他们不仅有运气、很努力，他们受教育的程度也比较高、智商比较高，因此他们有头脑、有主见，对事物有自己的看法和判断。知道什么对自己有利、什么对自己无利，自己应该维护什么、抵制什么。对自己的根本利益，他们会坚决捍卫。这种人对事物拿得起放得下，只要对他们有利，他们也会主动地让些利益给别人。

由于他们有资本、有见识，跟他们合作，他们能帮的忙也乐于帮。而且由于他们的能力相对较大，所以他们出一点力，也能给你派上大用场，而他们也不觉得就付出了很多。在双方有共同利益时，他们的心理也比较明快，让你能感到他的睿智和可爱。他们也会使用心智和谋略，而且还很出奇，很值得我们学习。

正是因为成功人士的能力较强，社交圈子大，所以他们的人际关系也是一种资源。因此，通过与他们的合作，可巧妙地借用他们的人际关系，这也是一笔巨大的财富，而且其作用还不仅仅是财富就能涵盖的。

总之，与成功的人合作，已经成了很多人走向成功的秘密武器。

居安思危有备无患

原典

见已失者，慎将生；恶其迹者，预避之。

译文

知道已经发生过的不幸事故，发现类似情况有重演的可能，就应当慎重地防止它，将其消灭在萌芽状态；厌恶前人有过的劣迹，就应当尽力避免重蹈覆辙。

人的一生总要发生很多事情，没有人知道自己的将来会发生什么，如果自己不为自己想一下将来的事情，没有人会提醒你。一定要有居安思危的思想，才能防患于未然。

一只野狼卧在草上勤奋地磨牙，狐狸看到了，就对它说："天气这么好，大家都在休息娱乐，你也加入我们队伍中吧！"野狼没有说话，继续磨牙，把它的牙齿磨得又尖又利。狐狸奇怪地问道："森林这么静，猎人和猎狗已经回家了，老虎也不在近处徘徊，又没有任何危险，你何必那么用劲磨牙呢？"野狼停下来回答说："我磨牙并不是为了娱乐，你想想，如果有一天我被猎人或老虎追逐，到那时，我想磨牙也来不及了，而平时我就把牙磨好，到那时就可以保护自己了。"

《左传·襄公》中曰："居安思危，思则有备，有备无患。""居安思

危"这句成语包含着丰富的哲理，成为中国几千年来从政者的警句和座右铭。

晚唐诗人杜荀鹤有一首《泾溪》："泾溪石险人兢慎，终岁不闻倾覆人。却是平流无石处，时时闻说有沉沦。"诗的语言通俗浅显，但揭示的道理却朴素而深刻。不是吗？船到险处，船家生怕出了差错，谨慎防范，所以都能平安渡险。相反，到了"平流无石处"，人们思想麻痹了，以为可以稳坐"钓鱼船"了，结果却常常发生船翻人亡的事故。

这首诗的真谛，也是告诉人们要居安思危，有备无患。

历史上还有一个很著名的"居安思危"的故事，说的是项梁从吴中起义，然后率领八千人渡江向西，加入消灭暴秦的行列。这时候，他听说有个叫陈婴的人已经占领了东阳县，就派人前去联络，想要和他一起联兵西进。

陈婴本是东阳县的一个小官吏，由于他忠信恭谨，所以一直深受县民爱戴。后遇天下大乱，东阳县里的一些年轻人自发地组织起来，杀死了县令。但苦于找不到合适的首领，便请陈婴来领导。陈婴推辞不过，只好勉为其难。后来，他们又想推举陈婴为王。

陈婴的母亲是位有学问的妇女，对人生社会祸福有不少经验，她听说要选陈婴为王，十分反对。她对陈婴说："我们陈家虽是县里的望族，但从无做高官的人，现在一下子做什么王，名声太大了，容易招来祸害。况且，现在时局动乱，形势未明，出来称王，祸害比平时更大。不如另选人来做王，你当助手。成功了，你能得到封赏；不成功，人家也不会把你当头儿抓。"

听了母亲的分析后，陈婴思量再三，觉得还是不为王的好。于是他

就对众人说："我原本是个小官，威望不足以服众人。现在项梁在江东起事，引兵西渡，并派人来要和我们联合抗秦。项梁的祖世就为楚将，名声显赫，我们想成就一番事业，就得依靠像项梁这样的人。"

于是，陈婴带领两万多起义军投奔了项梁。

陈婴也是一名猛将，但他并未不明不白地死于政治阴谋，得益于母亲的那番话。可能是知子莫若母，她知道陈婴的性格不适合与各路枭雄争逐天下。如果不适合还要硬当王，丢掉性命的可能性极大，因此不如依附在强者的势力之下，进可享受爵位，退可隐姓埋名，保有性命。从这个角度看来，陈婴的母亲是相当务实的。而陈婴也能听从母亲的警告，居安而思危，实乃大幸。

唐代忠臣魏征在《谏太宗十思疏》中提到一句话："居安思危，戒奢以俭。"翻开中华历史长河的画卷，不难发现一个规律：太平盛世过后往往是战乱连年。造成这种现象的一个原因就是当权者养尊处优而没做到居安思危。

唐王李存勖替其父李克用报仇，诛杀梁王之后，自以为天下太平，便安于享乐，宠信伶人，直至兵临城下，才落荒而逃，最后中流矢而死，而其嫡亲也无一幸免。如果他当时能够顾全大局，意识到敌人终有一日也会来报仇而防患于未然，那么也不至于落到国破人亡的地步。闯王李自成登上皇帝的宝座后自高自大，以致让满族人入主中原。这些君王如果能够在和平年代考虑到可能发生的动乱，防微杜渐，居安思危，中国的历史就可能会被改写。

汉高祖刘邦打败西楚霸王项羽后，尽管如愿以偿当上了皇帝，但他深知要收拾这乱世的局面实属不易，要保持人民安乐的境况更是难上加难。于是他采取了"休养生息"的政策，在很大程度上缓和了阶级矛盾，人民生活渐渐安定，生产力也有一定提高。同时又担心边境受到外族侵扰，派人去和匈奴和亲。这样就为汉王朝初期的发展建立了一个相对稳定的环境。

防患于未然的思想在中国可以说是源远流长，妇孺皆知，其道理已不言而喻。但是，我们不难发现，并非人人都能把这个道理贯彻到实际生活中去。

洪水未到先筑堤，豺狼未来先磨刀。做事应该未雨绸缪，居安思危，这样在危险突然降临时，才不至于手忙脚乱。

眼光长远是正确做事的前提

原典

务善策者，无恶事；无远虑者，有近忧。

译文

时刻想着行善助人，此生必无厄运缠身。做事前深谋远虑，三思而行，以此处世必无忧患。

人生在世，立身为本，处世为用。立身要以仁德为根基，处事要以

谋为手段。以仁德为出发点，同时又善于运用权谋，有了机遇，可保成功；如若时运不至，亦可谋身自保，不至于有什么险恶的事发生。只图眼前利益，没有长远谋虑的人，就连眼前的忧患也无法避免。俗语云："人无远虑，必有近忧；但行好事，莫问前程。"说的也正是这个意思。

在现实生活中，提高自己对事物发展规律的把握能力，是很有必要的。因为生活每天都在进行，我们身处的环境也在发生着日新月异的变化，应该积极地面对这种变化，开拓思路，避开隐藏于暗中的危机，以获得更大成功。

北宋的张咏任崇阳县知县的时候，当地的居民都以种植茶树为生。张咏知道后说："种植茶叶的利润丰厚，官府将来一定会对茶叶进行垄断，我们还是尽早改种其他植物为好。"然后他下令全县拔除茶树而改为种桑养蚕，这一举动使得百姓们怨声载道。后来国家果然对茶叶进行了垄断，其他县的农民全都丢了饭碗，而崇阳县种桑养蚕的大环境已经形成，每年出产的丝绸有几百万匹之多。当地的居民们感激张咏给他们带来的福利，修建了祠堂来纪念他。

宋仁宗晚年精神错乱，时有狂癫之状，宫廷内外，人心惶惶；京城开封，气氛紧张。一代名臣文彦博和另一个人品不怎样的刘沆同为宰相。这一天，文彦博等人留宿宫中，以便处理紧急事务，应付非常之变。一天深夜，开封府的知府王素急慌慌地叩打宫门，要求面见执政大臣，说是有要事禀报。文彦博拒绝了："这是什么时候，还敢深夜开宫门？"第二天一大早，王素又来了，报告说昨天夜里有一名禁卒告发都虞候（禁军头目）要谋反。有的大臣主张立即将这名都虞候抓来审问，文彦博不同意，他说："这样一来，势必扩大事态，闹得人人惊惶不安。"他召来

了禁军总指挥许怀德问："这位都虞候是个什么样的人？"

许怀德说："这个人是禁军中最为忠诚老实的一个人。"

文彦博问："你敢打包票吗？"

"敢。"

文彦博说："一定是这个禁卒同都虞候有旧仇，所以趁机诬告他，应当立即将他斩首，以安众心。"大家都同意他的意见。

文彦博便要签署行刑的命令，他身边有一个小吏在暗中捏了一把他的膝盖，他顿时明白过来，软磨硬拉地让刘沆也在命令上签了名。

不久，仁宗病情有所缓解，刘沆便诬告说："陛下有病时，文彦博擅自将告发谋反的人斩首。"话虽不多，用意却十分恶毒，分明是暗示文彦博纵容造反者，甚至是造反者的同谋。文彦博当即拿出了有刘沆签名的行刑命令，这才消除了仁宗的疑心。幸亏刘沆签了名，否则，文彦博真是有口难辩了。

一个取得成功的人，必须拥有长远的眼光。唯有如此，才能不被眼前的繁荣所迷惑，看到隐藏在繁荣背后的危险。否则，一味陶醉在目前的成功之中，在前进的道路上裹足不前，就有可能被潜伏的危险击倒，使原有的成就化为乌有，自尝失败的苦果。张咏正是凭借他的深谋远虑，才透过种植茶树表面的繁荣，看到了其不利的因素，帮助崇阳的百姓躲开了可能降临的灾祸；而文彦博身边的小吏更是熟知官场中的复杂残酷，偷偷地指点了文彦博一下，替其免除了一场杀身之祸。

一个人思考问题，处理事情，不但要顾及眼前，并且还要考虑到长远。只有这样，才能安排协调好方方面面的关系，不致出现各种意想不到的困扰。否则冒冒失失，顾头不顾尾，说不定忧患就会一夜之间来

到你的面前。做任何一件事情，没有一个长远和近期的通盘性考虑是不
行的。

不争不抢无患无忧

原典

同志相得，同仁相忧。

译文

志同而又道合的人，会互相促进并有所裨益，都有仁爱之心的人，就会为对方分忧解难。

两个人心中想着一样的东西，争执就在所难免。世上的问题多起于争。文人争名，商人争利，勇士争功，艺人争能，强者争胜。争并不是坏事，能促使人向上，促进事业的发展。但争要合乎规矩，不能采取不正当的手段，干损人利己的事。

君子之学是为了进德修业，与人无争，与世也无争。孔子以当时射箭比赛的情形，说明君子立身处世的风度。

现代社会的人们，更应该讲求"君子风度"，合乎社会准则，否则，将难免会落得四面楚歌，被"请"出局。

很多人认为，生活就是一场争斗。实际上这种看法是片面和不足取的。真正有眼光、办大事的人，他们从不把心劲才力浪费在斤斤计较上，更不会本末倒置地去与人相争。他们的胸怀和风度，当然也能使对方折服，假如对方不是一个小人的话。

公元前283年，蔺相如完璧归赵之后，接着又在渑池会上巧妙地跟秦王争斗，维护了赵国的尊严。赵惠文王见他功劳大，就提拔他做了上卿，地位还在老将军廉颇之上。

这样一来，廉颇可恼火了，他对人说："我在赵国做了多年的大将，为赵国立了不少的战功，而蔺相如本来是一个出身低下的人，只靠说了几句话的功劳，就把职位摆在我的上边，我实在感到没脸见人。"他扬言："我要是遇上蔺相如，一定要羞辱他一番。"

蔺相如听到廉颇这些话后，就处处忍让，尽量不与廉颇见面。每天上早朝时，他就说有病，躺在家里不去与廉颇争位次。有一次蔺相如乘车外出，碰巧遇上廉颇，就连忙驾着车子躲开他，蔺相如身边的人，看到这种情形都很生气，说蔺相如太软弱、畏缩了，不用说是他，就是在他身边任职的人也感到羞惭，于是大家都说要离开他。

蔺相如坚决不让他们走，并向他们解释说："你们想想看，秦王那样威严，我还敢在秦国的朝廷上当众斥责他，我蔺相如再不中用，也不会只惧怕廉颇将军。我是在想，强暴的秦国之所以不敢侵犯赵国，只是因为我们的文臣、武将能同心协力的缘故。我与廉颇将军好比是两只老虎，两虎相争，结果必然不能共存。我之所以采取忍让的态度，正是先考虑到国家的安危，然后才能想两个人的私怨呀！"

不久，这些话就让廉颇知道了。这位老将军对照自己的言行，感到

既悔恨又惭愧，于是，为了表示自己认错改过的诚意，就脱掉上衣，背上背着荆条由宾客领着来到蔺相如家里请罪。一见蔺相如，老将军就恳切地说："鄙贱之人，不知将军宽之至此也。"

从此，蔺相如和廉颇这一相一将，情谊更加深厚，终于结成了生死与共的朋友，通力合作，努力把国家的事情办好。

从这个故事中我们可以看出，廉颇开始的"争"，是因为他对蔺相如并不了解；同时，他这种"争"也是光明正大、讲究风度的。而蔺相如则以更为博大的胸襟和高风亮节把廉颇给征服了，从而把他"争取"过来。他们这种君子之间的"争"与"和"，成了千古流传的佳话。

合作比竞争更重要

 原典

同艺相窥，同巧相胜。

 译文

很多同行同业之人相互鄙视和攻击，永远不可能真心在一起共事。

上古时代，后羿善射，逢蒙把他的技艺学到手后就杀了他；秦国的太医令李醯虽然没本事，却对扁鹊高明的医道非常嫉妒，在扁鹊巡诊到

秦国时，他派人刺杀了扁鹊。自古文人相轻，武夫相讥，这都是因为才能和技艺不相上下就不能相容，且不说墨子用九种守城的方法挫败了鲁班（即公输子）的九种新式攻城武器的进攻，就连西晋时的王恺和石崇，为了炫耀自家的奇珍异宝，也曾发生过一场令人咋舌的斗富好戏。

一天，老虎和熊在动物经常出没的山坡上相遇了。老虎眼尖，老远就看到了在山坡上吃草的小鹿，于是蠢蠢欲动。熊立刻阻止说："先不要打草惊蛇，鹿跑得快，弄不好就逃走了。这样吧，我们前后夹击，它就走投无路了。"于是，老虎按照熊说的，绕到后面去攻击。

小鹿被后面的响声吓了一跳，看到老虎就机敏地逃走了。眼看着摆脱了老虎的追赶，却和熊撞了个满怀，接着就遭受了熊掌重重的一击，然后什么也不知道了。

熊张开大口就要把鹿叼走，老虎看见后抗议说："这只鹿应该是我的，怎么你想独占吗？"

熊说："要不是我的好主意和一巴掌，恐怕这只鹿早就逃之夭夭了，当然应该属于我。"

"如果不是我发现了鹿，并且花大力气把它赶到这里，你哪能抓到鹿呢？"老虎气势汹汹地说。

两个家伙争执不下，熊仗着力大无穷，伸出大熊掌，老虎也不甘示弱，躲闪还击。两个打得难解难分，不分胜负，最后都筋疲力尽地倒在了地上。

昏倒在一旁的小鹿醒来后，一翻身爬起来，撒腿就跑，等老虎和熊反应过来，鹿已经跑得无影无踪了。

如果老虎和熊能把捕捉来的小鹿平分，恐怕结局就大不一样了，至

少不会两败俱伤，一无所获。先不要嘲笑这两个惨兮兮的笨家伙，说不定你事到临头也会和它们一样采取愚蠢的做法。

你觉得这种可能性不大，是吗？那么你不妨问问自己，是不是不愿意或者不习惯和别人合作？你是不是经常觉得，与别人合作得来的利益中自己的功劳是最大的？利益分配的时候，你是不是常常觉得自己得到的比期望的少？你是不是想得到更多？如果你的大部分答案都是肯定的，那么你很有可能会成为这两个笨家伙中的一个。

现在，各个行业和产业的联系越来越紧密，纵使你再有本事，也不可能一个人把原料、生产、销售、物流和服务全都包揽下来，不和别人合作那是不可能的。在竞争激烈的商业社会中，精明的商人都倾向于寻求别人的加盟与合作，这无疑是明智的，而且要成大事必须借助外力。要保持和维护长期合作必然要求有双赢的结果，谁也不甘心花费了心血和精力最终却毫无所获，或者所获甚少。但人性往往如此，每个人都看到了自己对这份利益的重大贡献，自然就希望获得全部或者大多数利益，于是一场你死我活的争夺就开始了。

面对这些不可避免的矛盾和挑战，与其孤军奋战，不如联合起来大家一起赢！即使利益的分配存在着不公，也不要过多地计较。因为如果对方很强大，为了征服对方你必然会耗费许多的精力和时间，也许你最终得到了自认为的公平，但是从长远看，你失去了一个合作伙伴。这样是不是有些得不偿失？那就大度一些吧！有钱大家一起赚，有好处大家一起分，即使不能达到百分之百的公平，也不要耿耿于怀，这次让别人赚多点，下次别人自然会让你多赚一点。也许这次你让别人独吞了，出于无奈也好，出于忍让也好，别人记在心中，下次也许就是你拿大头的时候了。

　　一个人无论经商还是做事，若想有所作为，都必须拥有足够的大度量，才能在长期与他人良好合作的基础上，获得大的成功。

教人者须先正己

原典

　　释己而教人者逆，正己而化人者顺。

译文

　　一面放纵自己的行为，一面假惺惺地教导别人，这是不可行的，只有先把自己的位置摆正了，才能更好地教化别人。

　　宋人李邦献说过："轻财足以聚人，律己足以服人，量宽足以得人，身先足以率人。"也就是说，不看重财富，就可以团结更多的人；严格地规范自己的行为，就可以获得别人的信服；以宽阔的胸襟去接纳别人，就会得到人心；事事以身作则身先士卒，就可以率领众人去获得成功。领导只有首先搞好自身的道德修养和道德教化，才能达到"以德服人"的效果。

　　在漫长的历史长河中，多少仁人志士、英雄豪杰之所以为官清廉，

不畏强权，尽自己的能力造福于民，从而使人生放出奇异的光彩，被万世传颂。于是，以"德"育人，与以"德"治国，有了紧密的联系。

德治也是一种"榜样的力量"。官员是民众的带头人、引路人，必须成为大众的道德榜样。当榜样就不能使道德修养、思想境界停留在与老百姓同一水平上。官有官德，民有民德，"官德"应当高于"民德"。官应该比民有更高的道德要求，只有这样，才能在德治中发挥道德示范作用。如果官员自己贪图安逸，却要民众艰苦奋斗；自己以权谋私，却要民众克己奉公，那么显然就不可能端正社会风气，从而形成良好的政治局面。

所以无论是做人还是做官，首在一个"正"字，而且要能够做到"正人先正己"。只要身居高位的人能够正己，那么他手下的大臣和平民百姓，就都会归于正道。

"正人"是"使人正"的意思，"正"是说遵守规范，有正气、讲正义。但是，现实生活中，偏偏有人己不"正"而却要去"正"人。

汉光武帝刘秀的儿子因犯大错，被手下公正严法处死。此时，刘秀气得几乎要杀死该人，但最后却封其为"刺奸将"，让其公正严明地执法，使众人不敢逾规。自己的儿子犯了错都不饶命，何况他人乎？人人皆惧，不敢朝非分的地方想。

有些人，自己知识浅薄，还笑别人愚昧无知；自己对父母不管不问，还说别人大逆不道；自己利欲熏心，还嫌别人见利忘义；自己不注意社会公德，还怪别人没素质。捐款时，自己捐得不多，却嫌别人自私小气；劳动时，自己偷奸耍滑，还嫌别人好逸恶劳；见到不平事时，自己不去挺身而出，还说别人胆小怕事。这些人，总对别人身上的毛病万般挑剔、

175

百般指责，对自己身上的缺点却毫无知觉视而不见；对别人的不良品行大谈特谈，对自己的不良习惯却闭口免谈；对别人"高标准、严要求"，对自己却放任自流，总觉得别人身上劣迹斑斑，自己身上尽善尽美，大有一副"看见别人黑，看不到自己黑"的态势。他们身上缺少的就是"先己后人"精神，即"正人先正己"。

欲正人先正己，首先应从严于律己、宽以待人做起。遇事能设身处地为别人着想，自己不想承受的痛苦不要强加于人，而要以批评别人的态度批评自己，以原谅自己的态度宽待他人。

"正人先正己"，就是要求别人品德高尚，自己先要品行端正。"责人易，律己难"，这是许多人的通病，因此当对别人的不良言行深恶痛绝时，应先看一下自己是否有类似的缺点，以做到"有则改之，无则加勉"，一味要求别人不如先反思自己。如果人人都能先"正己"，从现在做起，从点滴做起，那和谐社会的形成也就指日可待了。

做事要把握规律顺乎自然

原典

逆者难从，顺者易行；难从则乱，易行则理。如此，理身、理家、理国可也。

译文

做事如果违背事理，就难以施行，并且做到最后会乱七八糟不可收拾。如果顺着"道"的规律行事就会有条不紊万事亨通。明白了这些，无论是修身、持家还是治国都会得心应手无往而不胜。

老子曾说：一个国家的法令愈是苛暴繁杂，强盗奸贼也越多。这就是因为逆天道而教导民众，就要出现天下大乱的局面。老子还说：做人主的清静无为，老百姓自然而然会走上文明的轨道。做人主的清心寡欲，老百姓自然而然会驯顺安分。这就是因顺天道而以德化人，国力、民风必将日益改观，天下大治，富强繁荣的局面迟早会出现。

天道、地道的生成发展和变化，其实是非常简单易知的。圣人推崇的人道也是一样。顺从太阳的晨起暮落，月亮的盈亏圆缺，才有昼夜四时的循环不已的规律；顺应宇宙阴阳反正的法则，万物生死相替，自然界才会有永不止息的无限生机。这都是大自然的客观规律。

聪明的人做事都知道顺乎自然，把握规律，不盲目、不妄为。如果随意为之，不管不顾，其结果必然"大逆不道"，一败涂地。做人做事尤其要如此，切记多观察，把握事情内在之道，掌握好力度，不可逆风行船，唯如此，方可一顺百顺万事大吉。

有个叫做郭橐驼的人，是专门帮人家种树的。他种树的本领特别高，经由他手栽种的树，全都成活了下来，还长得枝繁叶茂，结的果实也又多又大，他的同行们无论想什么办法总是比不过他。

于是大家就恳求郭橐驼介绍一下他种树的经验，郭橐驼想了想，就

回答大伙儿说："其实也没有什么特别的诀窍，我只是随树木自己的生长规律让它发展而已。一般说来呢，移植树木的时候，要注意四个方面：树根要舒展开来；培土要尽量均匀；原土不能去掉，要保存下来；筑土则要紧密。照这样做了以后，就不用再老记挂着它、经常去动它，只管离开就可以了。总而言之，栽培树木时要像照顾婴儿一般精心，栽好以后要置之不理。只有这样，树木的生长规律才不会受到破坏，它的本来习性也可以得到充分的发展。别的种树人，则有两种错误的做法。一种是栽种时不够精心，使树根得不到充分的伸展，原土全被丢弃，换成了生土，培土也不匀，不是多了就是少了，树自然长不好。还有一种正相反，对树爱护得太过分了。种下树以后，早晨去看看，晚上又去摸一下，刚走开又不放心地回头去料理一番，甚至用指甲把树皮掐破来看树是活的还是死的，还用手去摇动树根看土是松了还是紧了。这样弄得树一天比一天虚弱。原本是怀着爱它的心思，其实却是害了它啊，这和对它照顾不周也没多大区别，树也还是长不好。"

请教郭橐驼的人又问他说："依您的看法，种树的道理和当官治民有相通的地方吗？"

郭橐驼说："我只懂得怎么种树，可不会当官治民。不过我住在乡间，看到官员们总是喜欢对老百姓发号施令，似乎是很爱惜人民，动不动就派人督促百姓们耕种啦、收割啦、抽丝啦、织布啦，还有养鸡养猪什么的。今天打鼓叫人家集合，明天敲梆子叫人家聚拢，百姓们穷于应付，疲于招待，连吃饭的时间都快没有了，还怎么有精力去搞好生产呢？这样看起来，当官治民也确实和栽种树木有很多相类似的地方啊！"

植树经和当官治民的原则共同说明了一个道理，做事要顺其自然，

不能违反事物发展的自然规律。

办什么事必须遵循客观规律，不顾一切地按照自己的主观意志蛮干，那就必然会失败。

庖丁为梁惠王宰牛。手到的时候，肩倚的时候，脚踩的时候，膝顶的时候，那声音十分和谐，就跟美妙的音乐一样，合于尧时的《经首》旋律；那动作也很有节奏，就像优美的《桑林》舞蹈。

梁惠王看得出了神，称赞说："哈，好啊！你的技术是怎么达到这样高超的地步的呢？"

庖丁放下刀对梁惠王说："我喜欢探求，因此比一般的技术又进了一步。我开始解剖牛的时候，看到的无非是一头整牛，不知道牛身体的内部结构，不知道从什么地方下手。三年以后，我眼前出现的是牛的骨缝空隙，就不再是一头整牛。到了今天，我宰牛就全凭感觉了，不需要再用眼睛看来看去，就能知道刀应该怎么运作。牛的肌体组织结构都是有一定规律的，我进刀的地方都是肌肉和筋骨的缝隙，从不碰牛的骨头，更不用说碰大骨头了。技术高明的厨师，一年换一把刀，因为他是用刀割。一般的厨师，一个月就更换一把刀，因为他是用刀砍。而我宰牛的这把刀，已经用了十九年；所宰的牛，已经有几千头，然而刀口锋利得仍然像刚在磨石上磨过的一样。这是为什么呢？就因为牛的肌体组织结构之间有空隙，而刀口与这些空隙比起来，薄得好像一点厚度也没有。用没有厚度的刀在有空隙的肌体组织间运行，当然绰绰有余！所以十九年过去了，我的刀还跟新的一样。虽然我的技术已达到了这种程度，但我在解剖牛的时候，还是丝毫不敢马虎，总是小心翼翼，心神专注，进刀时不匆忙，用力时不过猛，牛体迎刃而解，牛肉就像一摊泥土一样从骨架上滑落到地上。这时，我才松下一口气来，提刀站立，环视一下四周，心满意足地把刀擦拭干净，收藏起来。"

　　由庖丁娴熟的解牛手法可以得知，世间一切事物，都有它自身的规律，掌握了事物的规律，无论修身、理家、治国都可以得心应手。